山知道

大北线日记

裴黎光 著

山西出版传媒集团
山西人民出版社

图书在版编目（CIP）数据

山知道. 大北线日记 / 裴黎光著. — 太原：山西人民出版社，2020.11
　ISBN 978-7-203-11527-4

Ⅰ. ①山… Ⅱ. ①裴… Ⅲ. ①散文集—中国—当代 Ⅳ. ①I217.2②I267

中国版本图书馆CIP数据核字(2020)第204162号

山知道. 大北线日记

著　　者：裴黎光
责任编辑：翟丽娟
复　　审：刘小玲
终　　审：秦继华
装帧设计：尚书堂

出 版 者：山西出版传媒集团·山西人民出版社
地　　址：太原市建设南路21号
邮　　编：030012
发行营销：0351-4922220　4955996　4956039　4922127（传真）
天猫官网：http://sxrmcbs.tmall.com　电话：0351-4922159
E - m a i l：sxskcb@163.com　发行部
　　　　　　sxskcb@126.com　总编室
网　　址：www.sxskcb.com

经 销 者：山西出版传媒集团·山西人民出版社
承 印 厂：山西基因包装印刷科技股份有限公司
开　　本：890mm × 1240mm　1/32
印　　张：12.875
字　　数：200千字
印　　数：1—1500册
版　　次：2020年11月　第1版
印　　次：2020年11月　第1次印刷
书　　号：ISBN 978-7-203-11527-4
定　　价：168.00 元（全二册）

如有印装质量问题请与本社联系调换

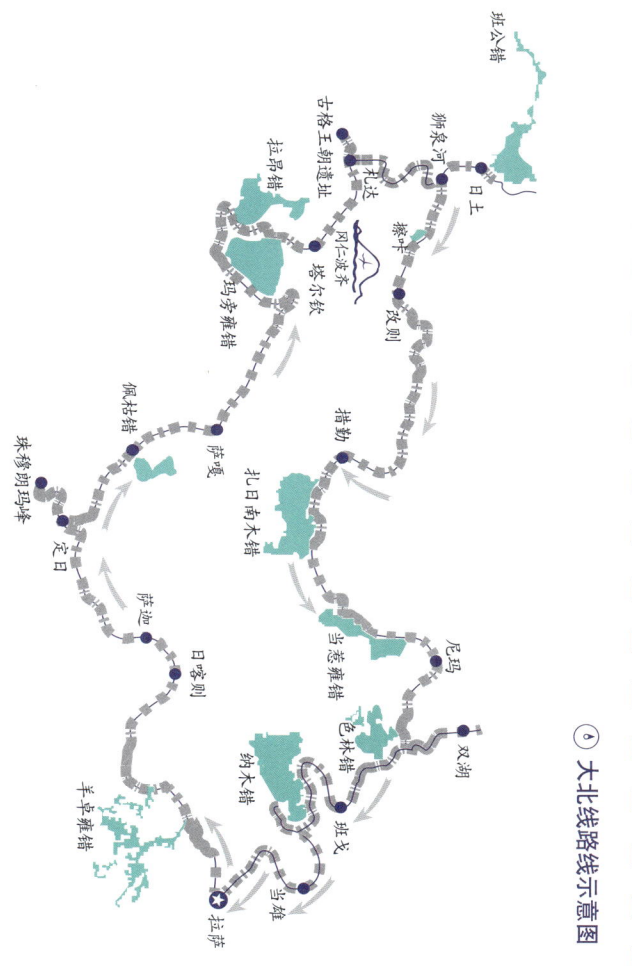

⑧ 大北线路线示意图

目录
CONTENTS

第 一 天	太原—拉萨 /002
第 二 天	在拉萨 /006
第 三 天	拉萨—日喀则 /012
第 四 天	日喀则—老定日 /018
第 五 天	老定日—仲巴 /026
第 六 天	仲巴—塔尔钦 /034
第 七 天	转山（塔尔钦—智热寺）/044
第 八 天	转山（智热寺—塔尔钦）/068
第 九 天	塔尔钦—札达 /094
第 十 天	札达—狮泉河 /114
第 十 一 天	狮泉河—日土—狮泉河 /134
第十二、十三天	狮泉河—擦咔盐湖—改则—措勤 /150
第 十 四 天	措勤—扎日南木错—当惹雍错 /162
第 十 五 天	当惹雍错—当穹错—色林错 /174
第 十 六 天	色林错—班戈—纳木错 /196
第 十 七 天	纳木错—拉萨 /204
结 束 篇	山知道 /212

远山那么远
无人区的湖水
那么寒
天气总在变
风一吹
清晨的告别已遥不可见
常常是一个人
临水面山

每一次感动 都想
如果有你在身边
……

————《大北线题记》

在落日的余晖中飞抵贡嘎机场

山知道 大北线日记

30 日 / 5 月   第一天 | 太原—拉萨

在落日的余晖中飞抵贡嘎机场。

飞机降落前，沿着雅鲁藏布宽阔迂回的峡谷低空滑翔。夕阳把远处的念青唐古拉染成金色，柔和的暖光透过舷窗洒在脸上，亮丽而不刺眼。层层雪山铺排在眼前，如一首辽阔的歌，荡气回肠。

步出机场，夜幕初罩，天空呈现出高原特有的墨蓝，深沉而通透。

又到拉萨！

布达拉宫华灯高贵，北京东路古堡内敛，大昭寺广场的桑烟漫天飞扬，八廓街上的转经者络绎不绝……每一步都唤醒我的记忆。

在八廓社区随便找一家藏式旅馆住下，为的是明早去朝拜大昭寺的觉卧佛。

往床上一躺，天花板上精美的壁画跃入眼中，是吉祥八宝。

山知道
大北线日记

31日 / 5月　第二天 | 在拉萨

初到高原,睡眠总是不好,早早就起了床。

跟随早起朝圣的藏民进入大昭寺。太阳刚刚从远山浮现,一束束阳光穿过阁楼投射在气势恢宏的金殿中,处处都洋溢着神圣祥和。在这样的氛围里游走,简直妙不可言。

在大昭寺中心大殿,对着至尊的觉卧佛塑像默默祈祷:我就要出发去转山了,保佑此行一路平安。

中午,与深圳大橡和上海薇拉会合。接下来我们将一起完成转山之旅。

大昭寺正门前的人群总是络绎不绝

今年（2014年）是马年，转山的人多于往年，尤其是从印度和尼泊尔来的宗教信徒络绎不绝。据说前不久有两个印度人死在了转山路上，所以政府对转山者的

大昭寺内部转经的人

管理和审查突然严格了很多。我们在原籍办理了边防证还是不行，需要在拉萨市公安局盖章审验方能通行。而且，还要到指定的拉萨市的几家旅行社去包车，并且必须配备一名西藏籍导游。总之，我们为此又额外付出了不菲的费用。

下午和大橡去超市购物，干粮、水果买了好几大包。此行一路向西向北，深入不毛，沿途购物应该很不方便，即便能买到也一定很贵。

与旅行社约好，明早 6 点出发，为的是在日出时分赶到羊卓雍错，欣赏羊湖的日出风光。

转经就是与自己同行

山知道
大北线日记

1 日 / 6 月

第三天

拉萨——日喀则

早上 6 点,司机仁增师傅和导游曲珍姑娘准时到来。天色微明时我们已经出了拉萨城。

7 点半到达曲水大桥,正逢日出。这里是拉萨河与雅鲁藏布江汇合的地方,河谷宽阔,水面平静清澈。四面山峰在河水中的倒影清晰明丽,大桥两侧风马舒展,河谷远处桑烟旖旎。我们禁不住停车拍摄好久,索性把羊卓雍错抛在脑后。高原就像一座迷宫,隐藏了无数未知的风景,我上次路过曲水大桥是在 4 年前了,并未觉得它迷人。

山知道
大北线日记

　　到达羊湖已经 9 点,光线变得平庸,但是湖天一色,蓝得出奇,还是让第一次到此地的大橡和薇拉连连赞叹。我已经是第二次来羊湖了,但令我意外的是,这次看到的羊卓雍错水色与上次截然不同:上次是粉绿色,而这次是深蓝色,不知何故。天空没有一丝云,坐落在湖边不远处的乃钦康桑峰巍然矗立。乃钦康桑峰是西藏四大神山之一,也是前藏和后藏的分界线。

　　沿环湖公路曲折行进几十千米,告别了美丽的羊湖,继续前行不远,就是卡若拉冰川。冰川从乃钦康桑峰推挤而下,厚重的冰体如雕塑般立满山崖,洁白锋利。遗

曲水大桥总是分不清哪一面是大地,哪一面是天空

憾的是这片美丽的风景被一家旅游公司承包,他们竟然禁止旅行者在公路上停车、拍照。看到有人举起相机,管理人员就会连喊带嚷追上来。山川私相授受,公路受制于私,这在我的旅行经历中也算奇遇了。

　　下午抵达日喀则,直奔扎什伦布寺。大橡和薇拉去寺内参观,我因为以前参观过,所以选择去转扎寺外围的转经道。爬到寺庙后面的山坡上俯瞰整个日喀则市,市井繁华,云影婆娑,真是一块人间福地。想起一路上伴随在公路左右的铁路立交桥,心中一阵兴奋——一个月之后,火车就要开进日喀则了。

天上的仙女，人间的羊卓

山知道 大北线日记 | 2 日 / 6 月 | 第四天 | 日喀则—老定日

日喀则市海拔 3800 多米,是年楚河与雅鲁藏布江交汇的地方,也是整个后藏地区难得的既平整辽阔又海拔较低的地方,我们夜里休息得很好。

离开日喀则,海拔渐高,到萨迦县海拔已经升高至 4300 多米。接下来的行程,一直到返回拉萨之前,都没有低于 4000 米的地方了,而且有些宿营地海拔经常会高过 5000 米。

萨迦县偏离 318 国道,小而宁静。但是在宋元时期,这里曾经是整个西藏的政教中心,即萨迦王朝的首都所

在扎什伦布寺眺望日喀则市区

在地，威名赫赫的萨迦寺即坐落于此。萨迦寺的外墙绘有灰白红三色条纹，这是萨迦派的标志，因此，藏传佛教萨迦派也俗称"花教"。

萨迦寺中藏纳无数珍宝和谜团，我们虽然只是走马观花，也被深深震撼。除了宏伟的殿堂和精美的壁画，这里还有几样东西令我着迷：其一，寺庙各处的殿壁均可见一种奇怪的壁画，类似围棋棋盘，每个格子里书写着一个藏文字母，有点像我们玩的填字游戏，不知何意。导游曲珍也说不清楚。其二，寺庙大雄宝殿的金顶上安置的不是常见的"二鹿听经"，而是两只孔雀相对，中间立着一个宝瓶。这组金顶是萨迦寺的象征物。据说孔雀食用了毒草不仅没有受到任何伤害，反而会使其羽毛更加鲜艳，所以这组金顶的寓意是：一切非法与障碍在此均会转变为功德和成就，这也正是萨迦派父续道果法的秘诀。其三，寺内空行母殿有一面瓷器墙，共陈列宋、元、明时期的瓷器数千件，每一件都可以说是价值连城。其四，大雄宝殿后侧，穿过一扇小门，内部豁然开朗，顶天立地的一面经书墙赫然入目，这就是萨迦寺的"慧海经山"。面对此墙，我们惊讶得目瞪口呆。据说，这难以计数的经卷中，除了纯金书写的《大藏经》之外，还有大量古藏文（象雄文）经卷等待解读。也许

绘有灰、白、红三色条纹的萨迦寺外墙。

"慧海经山",西藏的谜之宝藏

西藏的许多神秘历史就藏在其中,但是古藏文现在已如天书,无人能解,随着时间推移,解读这些神秘经卷将越来越不可能。据《吉祥萨迦·圣地宝镜录》记载,此慧海经山还有一奇:"每逢灾难或战争,慧海经山会自动排列成凹凸不平的样子,太平时期又自动恢复整齐。"在这段记载之后还有一句——"此事真实不虚"。

我们的导游曲珍就是萨迦本地人,所信仰的也是萨迦派。曲珍是一个腼腆的小姑娘,和司机仁增一样都不善言谈,但很真诚。经过两天同行,曲珍的话渐渐多了起来。曲珍在北京外国语学院上的大学,她的英语比汉语要熟练,平常都是带外国旅客,有时候她想给我们讲些东西,却总是张口无言。去萨迦的路上,在一条辽阔的峡谷中行进时,曲珍突然指着远处兴奋地说:"那里,我家就在那条沟里。"她说小时候在萨迦县城上学,

嘉错拉山口，318国道最高点

周末放了学都要在学校住一夜，第二天才回家。从县城到她家要步行一整天。有一次周末放学实在想家，她就和几个同村小孩结伴往回走，一直到早晨4点才回到家，"饿得晕过去了"。曲珍家是牧民家庭，兄妹9人，一家人幸福和睦。

  离开萨迦县，返回318国道，再往前，翻过海拔5248米的嘉错拉山口，傍晚时分到达老定日岗嘎镇。这里是曾经的定日县城，现在的县城已经搬走，所以岗嘎镇也叫老定日。那个黄昏的老定日美得不可思议，妖艳的晚霞布满天空，小镇外开阔的湿地里，金色的珠穆朗玛峰和卓奥友峰倒映其中。春草雪山同妩媚，天光云影共徘徊。仁增、曲珍和当地人对这一切司空见惯，在房间里休息。偌大的天地间，空留我们三个人傻傻地仰望、赞叹，直到霞光散尽、寒风刺骨才作罢。

落日时分的珠穆朗玛峰和卓奥友峰,是我们这个世界的金色边框

山知道 大北线日记

3日 / 6月

第五天

老定日—仲巴

第五天 老定日—仲巴

日喀则向西，就攀上了"高原上的高台"，到老定日，已经很少有游客涉足了。昨夜，老定日唯一的小旅馆就住着我们5个人。长长一排房间兀立在原野上，房间上面就是繁华的星空，稠密的星星铺天盖地。

晚上高原反应（以下简称为高反）厉害，难以入睡，索性半夜起来拍摄星空。支起器材长曝半小时，得到一张漂亮的星轨照片，放大一看，竟然捕捉到一颗流星，令人惊喜。

定日与我国东部地区有两小时时差。早上6点，天空还完全黑着，但我毫无睡意，就跑到城外的湿地去等待日出。城外野狗很多，狂吠不止，令人心惊。

7点天空才渐渐放亮，7点20分，远处的珠穆朗玛和卓奥友的峰顶才接触到第一缕阳光。接着，散落在湿地里的帐篷炊烟四起。朝霞满天，炊烟接着云彩，场面梦幻。远处的雪山犹如金色的画框，雪山包围下的老定日宛如一幅色彩生动的画作。

轻微高反的迷人之处在于，睡觉少但并不困。我问仁增师傅和曲珍有没有过高反，仁增说：没有。曲珍说有过一次，上大学第一年，放了暑假从北京坐火车回拉萨，火车到了唐古拉山，一下就晕过去了，后来列车员给吸了氧就好了。

旅馆的老阿妈为我们准备了早餐。饭后，老阿妈端出一个青烟袅袅的香炉，挨个靠近我们每个人面前，轻轻煽动烟雾让我们闻香，同时还念念有词。我想这大概是招待客人的一种传统习俗吧。我行走藏地多年，第一次遇到这样美好的礼仪。越偏远的地方越古典。

一离开老定日，就走进了茫茫荒野。虽然已经6月，大地依然沉睡不醒。即便春天来了，这片原野也不会兴荣多少。眼下，除了左侧的喜马拉雅山脉有一线雪山始终相随，数百公里除了洪荒就是辽阔，连天空也是干干净净，直看得人昏昏欲睡。偶尔看到天地间有几个黑点，走近看是几个藏民，颇觉不可思议：在这茫茫荒野，他们不知何来何往。

如果不是有希夏邦马峰和佩枯错让我们精神振奋了

在世界的边缘，看到久违的星空

清晨的老定日湿地

一阵子,今天行进的几百千米好像没有什么记忆点了。希夏邦马峰海拔 8012 米,巍峨英俊,犹如一座神殿。它是世界 14 座 8000 米级雪山的最后一座,也是唯一一座完全位于我国境内的 8000 米级山峰。佩枯错由希夏邦马峰冰川融水汇集而成,整个湖泊中间细,两头大,传说由莲花生的金刚杵幻化。佩枯错和希夏邦马峰是一对完美的山水组合,可惜我们到此地时正值中午,光影平淡,并没有看到想象中的魔幻风景。

傍晚时分抵达仲巴县城,今天的行程 400 千米,我们距离神山冈仁波齐越来越近了。

因为今天经过了希夏邦马峰,于是想到了命名权这个问题。

在地理上,命名权几乎就等于所有权,是主权的象征。世界 14 座高过 8000 米的山峰,只有希夏邦马峰完全属于中国，这个没有任何争议。所以，它的名字也毫无疑义应该由我们中国来命名。事实也是如此，全世界都叫它希夏邦马峰，这个名字是藏语，意思是"严寒冷酷的山峰"。同样，尼泊尔境内有3座8000米级山峰，这个名字当然由尼泊尔人来命名，而且我们称呼时也采用它们的名字，分别是：道拉吉利峰、马纳斯鲁峰、安纳布尔纳峰。

与此不同，世界第一高峰位于我国和尼泊尔之间，所以它就有多个名字：我国称为珠穆朗玛峰，意思是"第三女神"；尼泊尔一直没有给它命名，直到20世纪60年代，才临时起了一个名字萨迦玛塔，意思是"天空之女神"。在国际上，比较通行的叫法还是珠穆朗玛。

第五天 老定日—仲巴

希夏邦马,完全属于中国的 8000 米级山峰

山知道

大北线日记

4日/**6**月

第六天

仲巴—塔尔钦

清晨,在满地乱飘的云朵和迷离的光影中离开仲巴。这里是日喀则的西北边缘,今天就要进入阿里了。

离开县城不远,在河谷中我们遇到一大群藏野驴,足有近百头。看到我们路过,藏野驴都警惕地站立着。有一头野驴离我们很近,应该是"头驴"了。我和大橡慢慢靠近拍照,结果头驴一个转身跳跃,所有驴便狂奔而去,瞬间就消失不见。

我们行进在一条宽阔平坦的峡谷中,公路沿着马泉河(当却藏布)缓缓上扬,左右两侧都可以看到雪山。

左侧（南边）是喜马拉雅山脉，右侧（北边）是冈底斯山脉。两条世界级山脉在这里狭路相逢，如此壮观的"走廊"应该称得上是世界之最了。

行至正午时分，前方出现一片深蓝色的湖泊，湖泊南北两侧各耸立着两座显而易见的大雪山。凭我多年的功课，一下子就认出了它们——南面的是喜马拉雅西段的纳木那尼峰，北面的是冈底斯山的主峰冈仁波齐峰——就是那座名满天下的"神山"。那么，我眼前这片湖泊就是"神湖"玛旁雍错了。

恍然醒悟，我们已经进入阿里地区，到达充满传奇风光的普兰县境内了。我的心情一下子很激动，没有一点思想准备，向往多年的神山神湖就突然出现在眼前了！

在玛旁雍错湖畔的霍尔乡吃过午饭，我们就急切地去往湖边。

冈仁波齐与纳木那尼双峰对峙，中间隔着约50千米的距离，在这短短的50千米之内，拥有两个大湖——玛旁雍错和拉昂错。玛旁雍错俗称神湖，拉昂错俗称鬼湖。神湖面积略大，为412平方千米。两湖之间隔着一条坝子，去往普兰县城的公路就在这坝子上穿过。

神湖和鬼湖的传说故事很多，略述于下。

玛旁雍错原名"玛垂错"，是苯教神湖。后因佛苯之争中佛教胜出，便成为佛教神湖，名字也改为玛旁雍错，意为"不败之湖"。该湖之所以神圣，盖因为它是亚洲几条主要河流的源头，东为马泉河（雅鲁藏布江之源），南面和西面分别是孔雀河和象泉河（二河汇流后为恒河之源），北为狮泉河（印度河之源）。这些充满宗教色彩的河流，其源头竟然都在玛旁雍错，它自然而然就神圣了。所以，在佛教《大藏经·俱舍论》中，非常明确地描述了神山（冈仁波齐）和神湖（玛旁雍错）的位置、形态，这说明在远古时期，人们就已经关注并开始崇拜玛旁雍错了。我曾经在尼泊尔的寺庙中看到绘有冈仁波齐和玛旁雍错的墙画，有信徒在神湖中沐浴。

神湖有一个变化令我感到意外和痛心，由于气候原因，神湖的注入水量不断减少，它已经在几年前由外流湖转变为内流湖。也就是说，严格来讲，它现在已经不是任何一条河流的源头了。河流在这里只吞不吐，它靠自身的蒸发维持平衡，这意味着，神湖将逐渐变成咸水湖，变得不能饮用，这里的生态系统也将随之改变。而且湖泊一旦走到这一步，就等于走上了一条不归路，会迅速按照"咸水湖—盐湖—盐盖"这个方向走下去，有时候，这个过程只需要几十年。当然，这些可怕的后果现在还看不出来，神湖现在依然水草丰茂，鱼鸟相逐，牛羊徜徉，一派祥和。

我们再掉转头看看一堤之隔的拉昂错——鬼湖。

鬼湖、神湖原为一体，在人类记忆之前的某一时期，因水位下降，大湖一分为二。接下来，奇怪的事情发生了：本来同根同源的姊妹湖，因为一次分离、一堤之隔，竟然有了完全不同的两种样貌。鬼湖边上不见一花一草，连一只鸟儿也没有，更别说有牛羊了。刚才在神湖边，

山知道
大北线日记

第六天 仲巴—塔尔钦

向西向北，渐渐进入野生动物的领地

伟岸的纳木那尼峰紧贴鬼湖耸立

风吹湖面,波光潋滟,而一堤之隔的鬼湖竟然没有一丝风,湖面平静得死寂一片,似乎水中也没有任何生物。这种巨大而诡异的平静似乎在刻意隐藏着什么。

我去鬼湖是一个人,漫长的湖岸沙地令大橡和薇拉望而却步。我一咬牙,一头扎进刺眼的阳光里,深一脚浅一脚穿过松软的白沙地带,走到嗓子冒烟才到达湖边。等我站定,突然发现这无边的湖泊安静得要死,只能听到自己的呼吸和心跳。再看湖的左侧,伟岸的纳木那尼峰紧贴鬼湖耸立,山峰的断崖显示出血红、暗紫、青灰等各种色彩,这些诡异的色彩被鬼湖倒映且加强,就像一具无比巨大的史前怪兽横尸在前……然后,又不由自主地看到右侧的湖岸与其倒影恰恰组成一张巨大的怪脸,五官俱全……我发现自己被大自然威慑住了——我太渺小,而且孤身一人。壮着胆子蹲下,我尝了尝湖水的味道,此时又不由自主想起鬼湖中有巨型水怪的传说，暗想不要有水怪突然跃出水面……草草品咂了一下微咸的味道之后，小心翼翼地离开。再次返回神湖边，我就像从地狱成功脱险返回了人间。

鬼湖的这种死寂和寸草不生我无法解释。有人说因为鬼湖是咸水湖，这讲不通。青海湖、纳木错和羊卓雍错也都是咸水湖，而且都比鬼湖咸得多（在高原，我习惯到每个湖都尝一下湖水味道），哪一个湖泊不是天然的好牧场？哪一个湖泊不是鱼和鸟的天堂？

下午，经过重重安检，买了150元的神山门票，进入塔尔钦村。在宾馆房间里，我们可以同时看到冈仁波齐和纳木那尼两座雪山日落时的恢弘景象。

冈仁波齐峰海拔6638米（还有一种说法是6714米），对面的纳木那尼峰海拔7694米，两相比较，纳木那尼峰差不多高出了1000米。两座相距不过几十千米的山峰面面相觑，孰高孰低？现实和文化恰恰相反。这真应了那句话：山不在高，有仙则名。

明天，我们将踏上此行最艰难的路程——徒步转山。

在满地乱飘的云朵和迷离的光影中离开仲巴

山知道 大北线日记

5 日 / 6 月　第七天　| 转山（塔尔钦—智热寺）

塔尔钦海拔4600多米。晚上我睡得不算太好，但是在这样的海拔高度能进入浅睡眠已经算不错，这足以使体力恢复。难以睡踏实的另一个原因是，对徒步转山可能出现的各种不确定情况的顾虑——期待、兴奋、犹疑、恐惧。

很早起来，站在房间窗口，我对着神山发呆。

神山升起一缕云彩，在朝阳里泛做金色。这美丽而简洁的装饰，令它的神圣感无以复加。

冈仁波齐矗立在阿里高原，就像神殿矗立在奥林匹斯山上。

世人皆知西藏，对阿里却颇为陌生。

世人皆知喜马拉雅，冈底斯山却相对沉默。

然而，在亚洲的几大宗教信仰中，冈底斯山脉的主峰冈仁波齐却无比神圣。相比之下，更加伟岸的喜马拉雅山脉只是他们朝圣路上的一道屏障。这几个宗教是——苯教、佛教、印度教、耆那教，四种宗教共同认定冈仁波齐为世界的中心、诸神的居所。具体而言：苯教徒称此山为"九重卐（逆时针万字）字山"，是苯教祖师敦巴辛饶的降生地和苯教360位神灵的住所；藏传佛教徒称此山为"冈仁波齐"，意为神山；印度教徒称之为"凯拉斯"，意为湿婆（印度教主神）的住所；耆那教徒称之为"阿什塔婆达"，意为"至高之山"，是耆那教创始人筏驮摩那获得解脱的地方；古代佛经中记载此山为"底息"，意为世界的中心；汉语习惯称之为"须弥山"，意为一小千世界中心的妙高山……

每年夏天，都有信徒从四面八方汇集而来，以徒步或者磕长头的方式转冈仁波齐山峰，以此来朝拜他们心中的神殿。

对任何一个人来说，下定决心转冈仁波齐神山都是一个壮举。

转山的艰辛和危险，稍微了解神山的人都知道。在转山路上死去的人并不鲜见，但这并没能阻止人们用宗教般的热情走向神山。在宗教徒眼里，死在转山路上是荣耀的事，是最好的归宿。

我不信仰宗教,而且怕死,但终于还是来了。徒步转神山是我多年的一个梦。

一整夜想得最多的是我与山的渊源——我从小在山里长大,5岁就上山放牛,有一次在山上遇到了狼,一口气就翻了一座山跑回家;6岁起跟着大人上山烧炭,每天徒步几十千米到姑射山最高处;我已经多次到达高海拔的地方,还在青海湖和七一冰川徒步过,而且我还在珠峰大本营、来古冰川和纳木错那样的高海拔地方过过夜……总之,我在心理上是自信的,我用这些往事鼓励自己。

第七天 转山（塔尔钦—智热寺）

人与大自然的关系往往玄妙,渺小的人类任由大自然摆布,却会在这种艰难之中百折不挠,并深深地爱上大自然。偶尔,我们还会鼓起勇气去挑战一下更高难度的自然环境,借此建立人与自然更深层次的关系,也以此彰显人类作为天地之子的荣耀。我今天站在神山脚下,就是试图建立这种深层关系,并体验这份荣耀的。

早上9点,我们踏上了徒步转山之旅。

阳光斜斜地落在浅草之上,我站在山坡上遥望,神湖玛旁雍错升腾起蒙蒙水汽,为对岸的纳木那尼峰披上一层轻纱。气温舒适,转山的人络绎不绝。喜悦之情洋溢在每个人脸上,所有陌生人此刻都像一家人,一种宗教的祥和氤氲在转山路上。

我愿意在此记录那些仅有一路之缘,但令我印象深刻的转山者。有4位老者,面容沧桑,腿脚都略显蹒跚,各挂一杖,一路同行如4位世外"侠客";有一家5口——

047

双胞胎一样的年轻兄弟和他们年轻的妻子带着他们的 2 个孩子,其中大一些的孩子三四岁,小一些的还在襁褓中。大孩子自己走,小孩子背在年轻女人身上,这是藏族女人给我的一贯印象——无一不是勤劳能干,几乎独自承担着里里外外的全部家务;有一个胖胖的女人来自

青海，已经转过神山许多圈，这一次背着一大捆经幡，走路略显吃力；还有一伙一伙的藏民，以磕长头的方式奋力行进……

尤其令我惊讶的是那位年轻母亲，背着孩子转山可不是简单的事。曾有传说，在神山的诸多圣迹中有一个普通女子的脚印，正是一位背着孩子艰难转完神山的女人留下的。她的行为感动了诸佛，于是佛便使她留此痕迹以"表彰"其虔诚。我不知道这个脚印在哪里，但这个故事多见于神山的各种记载。而现在，正有一位背着孩子的女人，传奇般与我们同行。

除了苯教，其他宗教徒都以顺时针方向转山。我们也从众，按顺时针方向从塔尔钦西面的峡谷进入转山路。曲珍和多吉与我们同行，多吉是我们从塔尔钦雇的背夫。我们每个人只带尽量少的物品，一应衣食装备全由多吉背着。仁增师傅因为身体不适，加之没有边防证，遗憾地放弃了转山。

转山必须携带边防证，沿途有三个检查站要审验。

大橡和薇拉每人都只带了一个卡片相机。我也准备了小相机，但临出发前犹豫再三，还是狠狠心带上了两个大相机。我想好好拍拍这座神山。出发之后才知道，除了背夫，所有转山的人都是轻装上阵，只有我背着两个大相机，一路投来不少惊讶的目光。这两台相机这些年跟我走过不少地方，青藏高原比较知名的高山大湖几乎都被它们拍摄过，这一次也希望神山加持我的相机。

从塔尔钦出发的时候，我们才想应该带些什么东西供奉给神山，于是在一个小商店里每人请了一条哈达。

转山路总长56千米，体力极好的藏民起早摸黑，一天可以转完一圈。绝大多数徒步者都要用2天~3天转完，磕长头的话约需15天~20天。我们准备用两天时间转完，第一天的路程较短，约24千米，也相对平缓。

历经千百年，转山路已经是一条非常成熟的道路，而且可以行车。

出发之后，步伐轻松。我们很快就超过了4侠客、一家5口和背经幡的女人，不久就到了第一个山口——恰采岗。"恰采岗"是磕头台的意思，位于神山正西面，转山的信徒在这里都要面朝神山磕头。恰采岗是极好的观景台，东面能看到神山的勃勃英姿，万古不化的坚冰纹路清晰；正南面，隔着辽阔的宽谷和神湖鬼湖，纳木那尼峰虎踞龙盘。

在恰采岗休息时，曲珍、多吉和许多藏民，把散落在路面上的小风马纸片捡起来，撒向神山。他们自觉而认真，一丝不苟，充满对自然和神灵的敬重——风马上印有经文，不该踩在脚下。

离开恰采岗，转山路拐向东北，进入神山背后的一条幽深峡谷。前行不久就到了经幡广场。藏语称这里为"色雄"（金子），所以经幡广场也称为"金色广场"。这一带山体寸草不生，裸露的岩石在阳光下泛出耀眼的金色。每年萨噶达瓦节（藏历四月十五日，佛祖释迦牟尼诞生、成道、涅槃三期同庆的日子，汉语称为"佛吉祥日"）这里都要举行隆重的更换经幡仪式。届时，来

自藏区各个地方的藏民,携带着五彩经幡汇聚于此,位于神山南面的塔尔钦寺和北面的曲古寺的喇嘛们,一起放倒那根高耸的经幡杆,然后将绑在其上的经幡除旧换新。藏民们会撕下一条旧经幡,当作护身符戴在身上。更换一新的经幡杆再次竖起,隆重的转山仪式才算正式拉开帷幕。

萨噶达瓦节是神山最热闹的时候,是转山的"开幕式"。但因为今年藏历比汉历晚了一个月,天气早就转暖了,转山的人也提前多了起来。今天是藏历四月初七,我们也无法等到神山下的萨噶达瓦节了。实际上释迦牟尼佛祖的诞辰日是四月初八(即佛诞节),也就是明天——明天我们也在转山,而且将攀上最艰难也最神圣的卓玛拉山口,从宗教意义上讲,我们的转山之旅也是很殊胜的。

经幡广场也是一个天葬台,藏语叫作"查琼阿加土

山知道
大北线日记

第七天 转山（塔尔钦—智热寺）

从任何角度看，神山都充满魅力

追"，意思是"五百罗汉天葬台"。据说这里是佛祖释迦牟尼和五百罗汉加持过的地方，藏民死后如果能在这里天葬是非常荣耀的归宿。

转山路上的第一个检查点就设在经幡广场下面，所有转山者都要在这里接受严格安检，然后填表登记，审验边防证。边防证审验之后，加盖了一个红色的字母印章"A"。

大橡和薇拉按路行进。我兴致勃勃，背着相机在峡谷里乱逛，一时在前一时在后。峡谷两侧奇崛嶙峋的山岩吸引着我不断拍照。地面上密布着一种奇怪的地衣，开满粉红色的小花。在接近生命极限的地方，这种微小而艳丽的花朵令人敬畏。那个时间，背经幡的女人和背孩子的一家5口反超了我们。

一条黑狗一直跟着我们。快到曲古寺休息站的时候，这狗的喉咙里发出低沉的声音，好像有什么突发情况。突然看到远处有几个黑影迅速围拢过来——几只狗狂吠着，一瞬间就跑到了我面前，我心中一惊，但也束手无策，呆站在原地。谁知那几条狗并非冲着我，而是去围攻跟着我们的这条黑狗。这条狗也真可以，使出浑身力气，如箭离弦，硬是突破了那群狗的包围。当它跑远，群狗才渐渐放弃追赶。我也松了一口气，心想这条黑狗一定是冒犯了那群狗的领地，可是它为何要冒险冲关呢？

到达曲古寺已经12点半，曲珍和多吉坐在路边等我们。我们在这里吃点干粮，喝点水，权当午饭。曲珍说今天的路走了还不到1/3，我略感压力。

双腿佛塔,转山路上的第一道"关口"

大橡已经很累了,他又高又胖,本身负担就重。再次起身前,大橡托付我一件事:如果他不能坚持下去,就请我把他带的一个东西放在神山某个殊胜的地方,那

"闯关"的黑狗

是他父亲的一团头发。他父亲最近身体不好，在西安住院，大橡这次来转山也是为老父亲祈福的。我觉得这事情很重，最好能由他亲手来完成。现在大家都没问题，我鼓励他继续走。

再次出发后，4位老侠客刚好追上我们。我不敢再无谓消耗体力，规矩行进。海拔越来越高，气温越来越低。路边的河流结了厚厚的冰，冰层下面暗河汹涌，传来巨大的轰鸣声。我跟着4侠客，不敢落下他们一步。这是"跟走战术"。

不久我们追上了背经幡的女人，她背的经幡不轻，看起来有些体力不支。4侠客中的一位大汉走过她身边，径直从她背上拎起经幡，扛着就走。女人无力地笑一下，双方都没说话。

大橡和薇拉渐渐慢下来，曲珍和多吉跟着他俩。我和4侠客、经幡女人组成一个6人小队，速度还算可以。

下午3点，走到一块巨石处，巨石旁边立一块牌子，写着"格萨尔王坐骑枣骝马的天然马鞍"。这里正好位于神山正背面，伟岸的冈仁波齐耸入高天，冰雪融水从山顶倾泻而下，气势逼人。山坡上有不少经幡和玛尼堆，转经的藏民纷纷在此面朝神山磕头。4侠客磕完头，轮流骑上"马鞍"，然后拿一块小石头敲击巨石上的小窝。我感觉侠客一下子变成了顽童，但他们都很认真。骑完"马鞍"，"顽童侠客"们和经幡女人都走了。我回头看看，不见大橡和薇拉的身影，只好放弃"跟走战术"，就地等待。

距离神山最近的地方

足足过去半个多小时,看到他们的身影远远地出现在山谷里。

曲珍说这里是转山路上的第二个磕头点,也是距离神山最近的地方。我向大橡和薇拉提议,每人在这里垒个玛尼堆,然后把哈达献给神山,大家都觉得这样很好,就各自找地方。我攀到高处,找了一块相对平整的地方,捡来石头,垒了一个玛尼堆,并把哈达系在玛尼堆上,然后像所有宗教徒一样,面朝神山跪下,为我所有的亲人和朋友祈福。大橡也在这里完成了他的心事——将他老父亲的头发和哈达一起,供在他垒的玛尼堆下面。

继续出发后,后面再没有人追上来——我们应该是今天转山路上的"断后"队伍了。确切地说,我们的速度只比磕长头的人快。接下来的路,前方无人可跟,后面有人"压阵",我的心力被迅速消磨殆尽。

山知道
大北线日记

第七天 转山（塔尔钦—智热寺）

守护色雄广场的曲古寺，坐落在暖色的悬崖之下

下午 5 点,在一处叫作"旦真仲康"的休息点喝到了热水和酥油茶,体力恢复很多。旦真仲康的女主人身材高挑、气质高贵,面容和善,装束华美,令人过目难忘。她对转山的人极热情,东西卖得也便宜,并不因为山高路远而加价。时间不早,这里休息的人已经寥寥无几。一位老态龙钟的老人令我们意外,多吉说,他每次转山都能遇到这位老人。老人已经 73 岁了,8 年来一直在转山,已经转过神山 300 多圈了,大家都叫他"老神仙"。按照藏传佛教的说法,转山这么多圈,早已超越"成佛"的标准了。转山路上所有的休息点都为"老神仙"提供免费吃住。老人先我们离开旦真仲康,接下来的路上,我们没有再见到他——老人的行进速度我们也远不能及。

转山路上的第二个检查站就设在旦真仲康,我们的

转过神山 300 多圈的"老神仙"

边防证在这里加盖了"B"。

离开旦真仲康，一直到宿营地之前，除了一队磕长头的人令我一时兴奋，拍了几张照片之外，能记住的只是极度的疲惫和干渴。今天因为摄影而额外消耗的体力太多了，体能早已透支殆尽。双腿像假肢一样不听使唤，不知道是双腿支撑着躯体，还是躯体拖动着双腿。我只是低着头，混混沌沌地走。只看脚下一米远的地方，没有勇气去看更远处。嗓子里有一团火在烧，喝一口水只能压住这团火一秒钟，紧接着就又燃烧起来，而且更旺。水很快喝干了，问多吉拿水，一回头，却不见他们的身影，只好到河边抓起冰雪塞进嘴里。

最后几小时的转山路就像一部厚重艰涩的英文名著，而我就像一个只认识26个英文字母的孩子——一个只认识字母的孩子在阅读一部长篇巨著——强迫自己一个字母一个字母地读下去，一步一步走下去。没有理解，没有快乐，终点遥遥无期。我奢望快点把这书读完，或者借助某种神秘力量，使我突然能认识单词和句子，再或者直接把这书植入我脑中——让我直接飞到今日的宿营地吧。

这山上不是有神吗？不是有无数神灵都挤在这里吗？随便出来一位显一下灵好不好？我不需要留下脚印，只要把我提起来再放到宿营地。

算了，不想了。胸闷。那些神灵才不屑理我呢，我这么一个无聊的俗人。

呼吸，呼吸，努力呼吸……

前进，前进，继续前进……

晚上 9 点，或者说下午 9 点，我们终于全部抵达今天的宿营地——智热寺。我们住在寺庙对面的一排简易板房里，大家体力都已严重透支，各自回房，倒头就睡。

我休息了一会儿，却睡不着。体力渐渐恢复，意识渐渐清醒，看着窗外的蓝天变深，我穿上厚衣服背上相

智热寺，转山第一天的休息处

机，又爬到半山腰去拍摄余晖下的冈仁波齐——我对美景太贪婪了。看到我又去爬山，连藏民也觉得意外。

落日时分的冈仁波齐恢弘庄严，我被它的魅力深深吸引。冈仁波齐面朝智热寺的这个侧面平整光洁，陡峭的山体在夕阳下变成温暖的玫红色，四围群山全部暗了下来，只有神山闪耀着圣洁的光芒。

我似乎觉得，神山被我双脚"坚韧的阅读"所感化，

示现出一个我勉强能读懂的简单而深奥的相——那一刻,凝视神山,渐渐读出它的神圣。那是一种化境。然后我举起相机,拍下了最美的神山。我自认为这也是我摆弄相机以来收获的最美照片。一天的疲惫,此刻我心满意足,想起藏地作家马丽华的一句话:"走遍天涯,仿佛就为寻找这瞬间化境。"

10点,天完全黑下来。回到房间,大橡和薇拉都还睡着,没有要去吃饭的意思。这可不行,无论如何都要吃点东西,虽然我也毫无食欲。大橡很难受,身体开始失温,把好几床被子都盖在身上,依然筛糠般发抖,后来把3瓶氧气全都吸完才感觉好一点。(曲珍给我们每人备了一瓶氧气。)薇拉坐起来,又躺下去,铁了心不去吃饭。

我提议大橡和薇拉重新考虑面临的情况:此地海拔5300米,今晚在这里过夜本身是一个极大的考验,而且明天的路程更难,要翻越海拔5600多米的卓玛拉山。如果有体力和信心,能坚持下来当然最好,不枉此行;但如果有闪失,后果不堪设想。现在还有机会反悔,因为这个时间还可以打救援电话,坐汽车原路返回,再晚了怕是连救援汽车也没有了。当然,对于梦想多年、排除万难来转山的我们而言,半途放弃比坚持还要难。尤其大橡和薇拉都是皈依佛教的居士,他们是以一腔宗教情怀来转山的。

大橡思虑良久,终于决定放弃。薇拉呢?她躺在那里不动,但表示绝不放弃。我觉得她状态很悬,但也不

落日时分,变作玫瑰色的神山

好再说什么,只能明天再看情况了。于是多吉出去找车,正好这里的一个驻地医生要返回,车上还有一个空位,开价300元,大橡就这样返回了塔尔钦。

藏民说,冈仁波齐和佛祖释迦牟尼都属马,所以马年转山是最殊胜的,转1圈要比其他年份多出12圈的功德。也就是说,马年转山1圈等于其他年份转13圈。而藏民还有一个说法:转够神山13圈就可以脱离轮回、即世成佛。今年正是马年,这也是我们规划已久的事。"如果有人问你转过神山了吗?你就说转过了,而且转了6圈半。"我对大橡说。按照藏传佛教说法,此言并非虚谬。

送走大橡,我感觉现在的形势很严峻——薇拉状态不佳,而我们已经没有氧气了。安全起见,我提议我们剩下的4个人都住在一个房间。然后我和曲珍、多吉去厨房，每人吃了一碗泡面。给薇拉带回来一碗，她还是一口也没吃。

夜里难以入睡，我们就一起背诵《般若波罗蜜多心经》，它带我们进入半梦半醒之中。

第七天 转山（塔尔钦—智热寺）

转山，每个人有每个人的心事，每个人有每个人的姿势

山知道 大北线日记

6日/6月 第八天 | 转山（智热寺—塔尔钦）

第八天 转山（智热寺—塔尔钦）

早晨 5 点半起床，天空完全黑着。

气势磅礴的银河越过河谷，架设在两山之间，色彩斑斓。冈仁波齐正通过彩色的银河展现它的神秘。

风很大，能听到风刮过山顶时发出尖利的呼啸。

我平常不吃辣椒，但也泡了一桶很辣的方便面，坚持连汤喝完，身上微微发汗。

薇拉还是不想吃东西，但是状态比昨天好了很多。我再次跟她确认，是否可以坚持。今天要徒步 30 多千米，比昨天远很多，而且直接面对的就是海拔5600多米的卓玛拉山，一旦上山，就必须坚持下去——汽车只能开到卓玛拉山脚下，山上是没有救援措施的。如果现在放弃，可以让曲珍陪她原路返回。薇拉确认没问题，可以出发。我很佩服她的毅力和决断力，不再说什么，但要求她必须吃一碗泡面，否则不能出发。她只好埋头去吃，但是只吃了几口，似乎只是为了交代我。

6点出发。过一条河，我们直接就上了陡峭的山路。有几处手电光在蜿蜒的山坡上晃动，已经有人先我们出发了。

我有一个专业远光手电，许多年来，只要远行都带着，但也只是拍摄夜景照片时用来补光。走夜路我从不打手电，即便在没有月亮的夜晚，我觉得天地的微光也足以让人看清脚下的路。我认为夜视应该是人类的一种本能，起码看路应该没问题。这或许是我从小在山里常走夜路练就的本领。所以，出发之后我就跟打手电的人保持一截距离。手电光会严重影响人的夜视能力，使人只见眼前，罔顾远处。不打手电的人被手电一晃，会好久看不见。人类自然的状态本来很好，工具的发达让人类失去了很多本能。

我同样拒绝的还有登山杖。我认为既然人类由四足动物进化为两足，就不该倒退回去。双手解放出来是为了做别的事情——比如摄影。

背着两个相机，一路拍个不停，也腾不出手再挂杖。昨夜大橡撤退，要把一对登山杖留给我，我也谢绝了。

当然,我还是为我的自负付出了代价,这是后话。

7点,天光微亮,我们攀登到一处布满巨石的山坡,巨石上绑满经幡。多吉说这里也是一处天葬台。

我离开主路,沿着天葬台的小路攀爬而上。巨石的缝隙间塞满衣服、头发。"有的人死后不能在这里天葬,家人就把他的衣服头发放在这里。"多吉说。

满山的经幡里有一种很特别,上面竟然印着一个独特的符号"ཨོཾ",这是标准的篆体"心"字。

攀上天葬台顶部,眼前是一片巨石山谷,巨石间时有丛丛冰雪。这里的春天刚刚来临,残冰剩雪已经不多。刚才还以为这就是卓玛拉山口,刚想蔑视一下那些骇人的传说,才发现卓玛拉还远远不到,巨石山谷尽头高高耸起的山峰才是卓玛拉。

一回头,就看到了冈仁波齐的日照金山,像一团烈火,在墨蓝的天空下孤独燃烧。

卓玛拉山高处,已经攀上雪线

9点,我们到达卓玛拉山正下方。抬头仰望,满目皆是冰雪,转山路只是蜿蜒在冰雪陡崖之间的一条若隐若现的曲线。

我告诉薇拉,其实转山没有我们想象的那么艰难,就这么一个山包,翻过去就没事了。她面无表情,只是喘息,似乎知道我是在宽慰她而已。我又告诉曲珍和多吉,我的状态没问题,只需要照顾好薇拉,无论多慢,都要跟薇拉走在一起。然后我咬咬牙,开始最艰难的攀登。

卓玛拉山是个玩弄人的高手,诡计多端。它知道大部分的凡夫俗子毅力不坚,就设计了许多伏笔——等我们费尽心力爬到山顶,才发现其实只是到了半山腰,山顶还在前方的高处。于是我咬咬牙,继续走。谁知它故伎重演,又一个高峰摆在面前,几乎令人崩溃。我一开始还有兴致拍照,到后来干脆把相机收起来,默默攀登。

坚冰在季节的轮回里渐渐虚弱，变成直立的冰刃，半米多高，漫山遍野。行走其上，犹如置身刀山。山路陡到不能再陡，后面人的头顶触着前面人的脚跟。人们络绎不绝，但没人说话。

昨天那条黑狗不知道什么时候又出现在身边。昨晚它在哪里过夜？难道它也在转山？

突然听到前方的人们开始欢呼，应该到达最高的山顶了。咬紧牙，攀上最后的一段山坡，眼前豁然开朗——一片平整宽阔的斜坡延伸开去，一直延伸到远处的危崖之下。斜坡上，整座卓玛拉山被经幡覆盖，经幡丛中有一条小路逶迤而行。

卓玛拉山位于冈仁波齐东面，是转山路上的最高点，海拔5630米。走到这里，意味着最艰难的路段已经过去了。接下来道路虽长，但也是一路下坡了。"这将是我一生到达的最高点。"脑海中冒出这样一句话。

所有人都会在这里休息。我们也放下背包，大口喘息。

背经幡的女人已经早早到来，她正在山坡上悬挂经幡。有好多人帮着她一起挂。这片山坡平整辽阔，坡度不大，经幡近乎铺在上面。厚重的经幡新旧叠加，山风起时，猎猎作响。

在几块巨石跟前，多吉从背包里掏出一个白色的小袋子，解开，掏出几把糌粑粉，煨起桑烟。

不远处，一位老人盘坐在冰雪之上，小心翼翼地从怀里掏出一盒经书，打开，一页一页高声朗诵。

卓玛拉山顶，转山路上的最高点

我站在那里，看着这一切，慢慢觉得熟悉，慢慢觉得我并非一个只认识字母的孩子。这里的山川和天籁，都是我似曾相识的老朋友。或者说，我在此之前几十年

卓玛拉山顶诵经的老人

的行走，都是为了在今天、此刻直面神山时不怯懦、不惊讶、不陌生。

有多少坚强的躯体在这里被软化，有多少虔诚的灵魂在这里被解脱。赞美和叹息在这里多么简单，死亡和重生在这里多么透明！

此刻，阳光温暖，微风轻抚。美丽的卓玛拉，感谢你赐予我这美好的一刻。

危途已过，前路尚远。继续前行。

行至卓玛拉前沿，一片由巨石堆垒的陡坡骤然直下，谷底是一片白茫茫的巨大冰盖。由此俯瞰，转山的人像蚂蚁般在冰盖上缓慢移动。冰盖四岸，全是凌乱不堪的山峰，每座山峰都由随心所欲的巨石堆垒而成，巨石间张弛无度，参差错乱。

我迟迟迈不开步，看看眼前溃不成军的群山，再回望一下巨石穿空的卓玛拉山顶，不由想到在远古某一时刻，此地曾经发生过多么剧烈的山崩地裂。而那次山崩地裂似乎并不彻底，我又设想，在崩塌最剧烈的那一刻，某个超自然力量突然出场，勒令群山停止塌陷。于是，天地入定，山河戛然而止，当落不落的巨石悬满四壁。当尘埃散去，四面危崖就此突兀挺立，状貌不成体统。而这些不成体统的危崖在没有得到新的指令之前，只能就此诡异地定格，挺立千年，仿佛一触即溃，却又坚不可摧，仿佛停顿在时空之外，却又固定于"世界中心"……隐约感觉这些山石在向我们诉说着什么，在透露着自然界或者神界的某些秘密，或许曾经有一场天界的战争在这里发生过……

望着这奇崛的造化,有些后悔自己刚刚的结论——谁说危途已过?上山容易下山难,眼前的道路也许才是最大的危途。

未知的路,永远无法定论。

就在这时,一位苯教信徒从山下爬上来,与我擦肩而过。他走到我身后时,与几位似乎相熟但信仰不同的佛教徒握手交谈,然后背道而驰。在这个时空里,他们的友好有些出乎我的意料,因为据传此地曾发生过佛苯之争。冈仁波齐本来就位于古象雄国的中心地带,作为象雄国的国教,苯教当然拥有这座神山。后来佛教传入高原,并在佛苯之争中得到了历代政权的支持,逐渐占领上方。一山不容二主,神圣的冈仁波齐当然成为佛苯之争的一个"战场"或者"焦点"。不过就现状来看,

卓玛拉山下,佛教徒与苯教徒握手交谈

卓玛拉山四围的山峰，凌乱得溃不成军

冈仁波齐并没有"易主"，而是被"共享"，被共同拥有和朝拜。

定定神，我们开始小心翼翼地下山。我害怕万一踩错了某一块石头，就会像推倒了多米诺骨牌一样，导致四面群山重启未竟的崩塌。

下至半山腰，一处景观令我倾倒。从西面冈仁波齐方向延伸下来的一条冰川在脚下的谷底结束，并形成一个娇小可爱的冰碛湖。此时，春暖冰融，冰碛湖的外围一圈融化成水，而湖心大部仍被冰雪覆盖。融化的外圈

山知道
大北线日记

第八天 转山(智热寺—塔尔钦)

翻过卓玛拉山,即是危机四伏的冰盖

即将解冻的小巧神湖,显现出一只"翡翠手镯"

显现出高原湖泊常见的翠绿色,犹如一只玲珑的翡翠手镯。

  这个湖泊虽小得厉害,其地位可不一般。藏传佛教称之为空行母的浴池;印度教说这里是乌玛女神(印度教主神湿婆的妻子)的浴池,印度语称为"果日察";西藏人靠观测此湖水面的高低来预测当年的收成——湖面越高表明当年的收成越好,但是湖水切不可溢出,物极必反,一旦溢出便表示当年有灾难要发生……

  转山路上此类圣迹实在密集,简直不胜枚举。就在下午,我曾与一位来自青海玉树的小伙子同行一段,他对冈仁波齐了如指掌,几乎每走几步,就会指给我看一些圣迹:这里是格萨尔王拴马的地方,地上的小坑就是马蹄印;那块巨石是格萨尔的一位大将军劈开的;这边是噶玛巴的帽子,那边是某位佛尊的脚印……按其指点

在陡峭的下山路磕长头,难度非同一般

一一看去,果然颇为奇妙相像,而我懵懵懂懂不知错过多少神圣之处。但也无妨,神山的美景足以令人臣服,真要把那些神话圣迹看遍说清,那可不是一时一日之功。

　　战战兢兢地下得卓玛拉山,面前又是危险四伏的冰盖。其危险来自两方面:一是冰面辽阔而平滑,无依无傍,每迈一步都要小心翼翼,即便如此,还是数次摔得四仰八叉。为了保护相机,我只好让身体吃重,以致有一次屁股疼得半天站不起来;二是天气转暖,冰雪渐融,能听到冰面之下流水遍地奔涌,发出沉闷的轰鸣。这更令人害怕,不知哪一脚下去,就会踩塌脆弱的冰层,陷落水中,而水深几何却不得而知……这境地真真是提心吊胆,举步维艰。这个大冰盖严重拖延了我的时间,眼看着薇拉和曲珍、多吉超我而去。

　　好容易一步一步挪出冰盖区,又面临一处陡崖。有过前面的磨练，已经心思麻痹、腿脚豁达。心想人如蝼蚁，行如轻鸿，山川哪有那么容易崩塌。于是我放开胆量，连跑带跳就下至谷底。正好时过正午，我就在这里的休息处用餐。

这次休息的时间很长，我把绝大部分食物扫荡一空。自以为难关已过，胜利在望，于是身心松懈，大有提前庆祝之念。岂料我大大低估了接下来的路程——虽说已无险阻，但仍有二十五六千米的路程摆在面前，这是对体力的极大考验。有过登山经验的人都清楚，不怕道路艰险，只怕思想松懈。思想一垮，战斗力全无，面对坦途也会如临大敌——此刻，我恰恰犯了这样的错。

开始还好，我还有兴趣下到河谷里去拍摄磕长头的藏民；我还在路边围观一位在转山途中腰疼得无法直立的藏族孕妇，并帮忙打救援电话；我也曾为一个随着父亲转山的小女孩感到担忧——那小女孩与我的小女儿小麦年龄相仿，长得也有几分相似，更令我心生怜悯。她蹲在路上一步也不想再走，而她的父亲显然也没有力气背着她前进了……

然后，我就再也无心顾及周围的一切了。

在极度疲劳和企盼中，我的思想渐渐模糊。这种疲劳和企盼较之昨日下午严重得多，我只是努力保住一个简单的念头——前进，不要停下脚步。总以为走出一个山弯就可以抵达塔尔钦，岂知前面还有一个山弯，就这样一弯接一弯，无休无止，直走得人彻底失去心力，垂头丧气，甚至无名火起。

还有其他的麻烦伴随。

我的墨镜夹片丢在了拉萨的宾馆。前几天的路程主要是坐在车上,对高原刺眼的阳光还不至于敏感。但这两天一直行走在阳光下,眼睛渐渐忍受不了强光的刺激。这种情况如果得不到改变,后果会很严重。即便是高原人也需要严格防护,否则视力会迅速下降,乃至失明,这种病叫作"雪盲",在高原属于常见病。可是没有办法,而且我估计接下来的大北线也不太可能买到墨镜夹片或者墨镜。现在,我只好皱起眉头、眯起眼睛,甚至两只眼睛交替闭住,以最小的"光圈"观察脚下。

我的帽子也不够好,只是一顶遮阳帽,帽檐一圈通风透气,而且遮不住脖子。到了下午,我算见识了阿里的风——以前只在书上看到的那种风——飞沙走石,一刻不停地呼啸。风掀起帽子,钻进耳朵、钻进脖子,直吹得人口干眼晕、头痛欲裂。我想找个避风处休息一下,可是四面都是光秃秃的山,连一块大石头也没有,更别说避风、遮阳了。要想休息,就地坐下,蜷成一团——这大概就是阿里人常说的"当团长"吧。

最悲惨的事情还在后面。

我终于为自己的自负付出代价——我拒绝使用登山杖,也就是说双脚要承担自身全部的重量。在最后几公里,右脚阵阵生疼,脱下鞋一看,袜子有血迹渗出,粘在脚上。我咬着牙摘掉袜子,几根脚趾血迹斑斑,有一个趾甲已经错位即将脱落。这情景不看还好,一看之下顿时崩溃。

　　我已经很长时间意识模糊，完全不知道薇拉、曲珍和多吉他们在我前面还是后面，反正视力所及之处均不见人。即便是他们在跟前，又能如何？谁也不可能扶着我走回去的。独自坐在路边，叫天不应、叫地不灵，号啕大哭的心思都有。呆坐良久，想起来可以打救援电话。我掏出手机，又迟疑了起来——真要放弃剩下的一点路吗？真的就以这样不完美的方式结束转山吗？犹豫再三，我又把手机装了回去。

突然想起小时候上山经常划破身体,最有效的办法是抓一把干土抿在伤口上,既止血又止疼。于是我轻轻挪好行将脱落的脚指甲,在脚趾上抹满干土,再穿上鞋袜。

一个瘸子,蹒跚在夕阳下的转山路上。

记忆中最后到达塔尔钦的几千米,每一步我都跟自己算计——在并不算宽的路上,选择怎样的线路才可以少走一步,甚至少走一寸,锱铢必较。

下午7点,我终于抵达最后一个安检站,塔尔钦也已经近在眼前。登记完毕,边防证上被加盖了"C"。这表示,从官方角度讲,我的转山之旅已经圆满完成。

突然想起大橡,他的边防证已经有了"A"和"B",如果直接来这里盖个"C",岂不也算自我安慰?于是跟边防战士沟通,他们表示可以。给大橡打电话,他表示愿意过来。而且得知薇拉他们都还没有回去,我正好坐在边防站休息。

我一直等到8点多,大橡仍旧没有来,他被塔尔钦村外的边防兵阻止,这个时间已经不允许出行进山了。不过终于等来了薇拉他们。

最后两三千米,曲珍先行,我和多吉陪着薇拉,走了足有一小时,几乎是一米一米挪回去的。

我终于完成徒步转山之旅了!

附记

入夜，半个月亮升起在塔尔钦的天空，远处的神湖一片银亮，神山端坐在背后，永远高深莫测。艰难的行走和过度的疲劳之后，空前的轻松和成就感充盈内心。这大概接近我设想要建立的"人与自然更深层次的关系，和人类作为天地之子的荣耀"。

回想转山路，充满敬畏心，绝不敢轻言"征服"。天地如父母，不是用来征服的。人生天地间，那些大山大水，我们走过而已，看到而已，活着回来而已，对天地言"征服"，是大不敬。56千米，两天一夜，神山不会在意，而我会将这段路铭刻在生命里，珍藏一生。

现在，我愿意再次回顾这转山路上的点点滴滴。

冈仁波齐，是这个世界上信仰最密集的一座山，其间居住着诸多宗教最密集的神灵，这些神灵相互关联或者互相排斥，他们的故事至今仍在不断演绎、叠加。关于冈仁波齐的神奇传说和迷人故事永远也讲不完。

围绕冈仁波齐的转山路气势如虹，艰深莫测，回想起来依旧心绪难平。而转山路上圣迹繁茂，步步神奇，隐藏着一个又一个我终生都无法触及的世界。而且，这还只是外圈。冈仁波齐还有一条内圈转山路，据说只有转够外圈13次的人，才有资格问津。内圈还藏着什么样的风景和胜迹，我没见过相关资料，也不曾听人述说。

那么，我还是回归表层，只记录一下那些陪伴我一路的行者。

大橡，陕西人，在深圳有自己颇具规模的企业。他天性豁达、时尚潇洒，却也为人谦和、行止有度。佛教徒的慈悲和企业家的精明在他身上有机统一。投缘的脾气和共同的兴趣使我们每次出行都愿意搭伴。甘南、河西走廊和318国道我们都一起走过，通麦天险、墨脱绝地、沙漠夜色、祁连寒雪都是我们共同的记忆，也足以佐证我们深厚的友谊。现在，我们共同的行程中又多了神山神湖——足以称得上患难之交了。"勇于放弃才是真正的英雄。"这是大橡昨夜在宾馆悟出的道理。"老爷子在医院、老婆孩子每天都等着我的消息，还有我的企业，这些都不允许我去冒险。当然，要有你的体力，我肯定不会中途放弃。"他对我说。曲珍和多吉看看我，都点头表示认同我的"体力"。我苦笑一下，无话可说。

我的脆弱，只有神山知道。

薇拉，新疆人，俄罗斯族，任职上海一家跨国企业的HR（人力资源主管）。一位中俄混血美女，深眼窝、高鼻梁、肤色白皙，相貌出众。每次边检，常有当兵的疑惑地看她很久——"俄罗斯人"？每每此时薇拉一脸嗔怪："看仔细，我是中国人！""中国还有俄罗斯族？"有个边防站的年轻士兵愣愣地问她。我想薇拉在她所供职的企业里也一定是特立独行的那种人——我想不通她是如何说服老板准许给她20天的假期。"我提前一个月发愿求佛。"她说，"然后就'将在外'了。"她说得倒是轻松坦然。回想她转山路上的坚韧不拔，觉得没有她办不到的事，请个假而已，不批准也无所谓，反正走了。

山路上我们最担心的都是她。临出发前，我们相互都留下应急联系人，她留的是她妹妹的号码。56千米，她意料之外、神奇之中地用自己的双脚丈量过来了。我们也是老朋友了，最早我们和大橡在甘南相识，后来又一起参加过青海热贡地区正月的毛兰木大法会。藏拉的文字功底了得，我的第二本书《去远方过另一个年》她帮我认真校对过，并多有指正。如果她有时间把这次转山的经历写下来，一定精彩。

曲珍，这个藏家女孩有着藏族人普遍的特点，不善言谈，却暗藏慧心。我们已经越来越喜欢她了。她有信仰，身处任何境地都一贯的平和宁静。虽然我们雇了背夫多吉，但她的东西从来都是自己背。无论到哪里，睡觉都用自己的睡袋。今晚，我们点了好几个炒菜，邀请曲珍、仁增和多吉一起庆祝完成转山。菜都上来了，却突然不见了三人的身影。打电话，他们已经去吃藏餐了——今天是佛诞节，他们要食素。曲珍本来答应今晚要给我们唱藏歌，又让她逃脱了。

多吉，全名次仁多吉，长寿金刚的意思。日喀则仁布县人。2008年16岁，他初中毕业后没有考上高中，来到塔尔钦开始做职业背夫。在藏族人眼里，背夫是个好工作，既能转山又能赚钱。五六年过去，多吉自己也记不清转过神山多少圈了。有时候没有揽到活，多吉也会自己去转山，那样的话起早贪黑，一天就转完了。多

吉性情温和，善解人意。转山的最后阶段，曲珍应该也支持不住了，就先行回到宾馆，只有多吉陪着我们，走走停停坚持到最后。回到宾馆，我们都忘了给多吉付钱，他也忘了，后来深夜里才想起来，赶紧打电话联系到他。

藏族人到哪里远行，都随身背一小袋糌粑，一半自己吃，一半煨桑供佛。多吉、仁增和曲珍都是如此。

仁增师傅是拉萨人，长相忠厚，沉默寡言。这回没有跟我一起转山，满心遗憾。转山前一晚，我们吃饭时，仁增一个人坐在角落里自言自语，结果他的话让曲珍听到，曲珍大笑不止。然后曲珍模仿仁增低沉的语气翻译给我们："仁增，你真的不去转山了吗？今年可是马年，你以前都去转山，今年反而要放弃吗？你再好好想一想。以后可不一定还有机会……仁增，你去还是不去？去还是不去？……"曲珍没讲完就笑成了一团。因为感冒，外加没有边防证，仁增要去转山阻力重重。最后他决定，要在我们转山的第二天凌晨出发，趁着夜色躲过边检，用一天时间转完神山。但是这个计划终究没有实施，为了我们的行李安全（摄影器材都在车上），那一晚仁增师傅在车里过了一夜，感冒又加重了。

还有一对来自错勤县的磕长头的父子，在我疲惫不堪时遇到他们，吃他们的糌粑，喝他们的水。临别时我为这位老迈的父亲拍照，他突然对着镜头挤眉弄眼吐舌头，一颗童心暴露无遗。8天前，他们从色雄广场开始磕长头，按计划，他们要在萨噶达瓦节的前一天转回色雄。我祝愿他们平安吉祥。

念念不能忘却的还有那条黑狗。它从哪里来?为何要转山?按佛教说法,万事皆有因果,那么这条狗是在种因还是结果?每每想起这条狗,就不禁思想起前生来世这样的命题。

还有我自己,我一直自问:你又不信佛,也心无挂碍,为何要转山?

这个问题很大,容我以后慢慢回答。

有一点我会确定:虽然因为不用登山杖而遭了罪,但我以后仍然会拒绝这东西。

据说从卓玛拉山的某个地方向下，有一条空行母密道，我们无缘得见

山知道 大北线日记

7日 / **6**月　第九天　| 塔尔钦—札达

第九天 塔尔钦—札达

第一次走青藏高原就极不小心,以至于把一多半的灵魂丢在了这片高地。从此以后,生活轨迹为之改变,高原成为敏感而牢固的牵挂。

行囊始终放在家里明显的位置,出发的冲动时时鼓舞得我不能自已。时至今日,十上高原,五进西藏,连自己也说不清,是把灵魂一点一点地找回来了,还是丢失得更加支离破碎了。苦行僧般一次次走进这世上最荒凉艰危之地,满目沧桑在内心堆叠,却总有无边的沧桑不断袭来,让人应接不暇,不由地叹服这高原的厚重神

山知道
大北线日记

第九天 塔尔钦—札达

土林尽头最高的雪峰，叫作依贝岗美

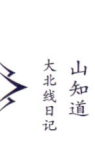

藏野驴是这里的主角

秘。心力与足力互为支撑，化生为不竭的欲望。向西，向西……

　　向西，向西，不断深入未知的高地。离开拉萨一周了，我们只朝一个方向懵懂前进。每一天都有大山大水

坐等在莫名之处，极简主义风格构建的大境界令脚步渐渐豪迈——放荡不羁的游侠情怀悄悄滋长。然后，在这一天，在有浩浩大风伴随着烈烈骄阳的正午时分，我们的汽车停在了一片无垠的怪异地貌之中——下车四顾，一时无语。

恍然置身火星了。

看惯了雪山冰川江河湖泊，看惯了草原森林花海田园，看惯了寸草不生的戈壁沙漠和遮天蔽日的雨林峡谷，自以为已经把这高原风光看清看遍了。岂料，高原又出人意料地抛出一种全新地貌——土林。

西藏传统称阿里为"上部"。上部阿里又因为地貌环境的明显不同，从东南到西北分为3个区域，分别被冠以"雪山环绕的普兰""土林环绕的札达"和"湖泊环绕的日土"。这就是俗称的"阿里三围"。我们刚刚离开喜马拉雅雪山和冈底斯雪山紧紧环绕的普兰，现在又一头扎进了土林环绕的札达。

札达土林总面积约2500平方千米，早年没有公路，不知道有多少人迷失在这苍苍莽莽、单调迂回的迷宫之中，与天地周旋，被造化捉弄，直至耗尽生命，长眠此间。至今行走在土林深处，依然可见一具具白骨。

生长在黄土高原，我对黄土和土林并不陌生。不仅不陌生，而且亲切异常。但是相对于青藏高原，黄土高原因为不算"离谱"的海拔和较温和的气候，已完全被人类改造利用，梯田和植被使其外观充满人间气息。而现在，直面这片盛大而赤裸的土林，似曾相识又完全陌

生,还是令我哑然,一腔"荒野情结"瞬间被激活……

这沟壑纵横的土林,是大地与水和风搏斗的结果,是空间和时间共同塑造的作品。土林与远处的喜马拉雅一线雪山相映衬,充满沧桑和玄妙之感。这片土林,正如一个浩瀚的舞台,一幕幕悲壮惨烈的厮杀浮现在眼前。

这些曾经看惯了战争厮杀的土林,一定不会忽略立足于此并开创了传奇的两个朝代——

一个象雄。

一个古格。

西藏向来缺乏信史,而上部阿里的信史更是少之又少,几乎为零。现在所能拼凑出来的点点滴滴,全部由神话故事、宗教记载、考古挖掘,以及周边曾与之有交集的王朝和民族记载中的只言片语拼接而成,其中必定充满大片空白、大团迷雾。越是扑朔迷离的历史就越耐人寻味,而处于边缘地带的札达,东亚、西亚历代王朝均鞭长莫及；本地藏民天性散淡，鲜有历史传承意识；何况现在的本地人几乎全是外来者，与古时的象雄、古格早已难寻血缘关系。因此，散落于札达各处的厚重历史遗存从来没有过像样的保护和发掘，这便给外来者留下了太多可乘之机。所以自古以来，各色人等——考古学者、历史学家、传教士、作家、画家、商人、强盗，乃至普通游客……从不同方向纷至沓来，进入阿里便如入无人之境，各取所需后便扬长而去，毫无愧疚也毫无阻碍。尤其装藏（zàng）在佛塔、佛像中的各类珍贵之物（如经卷、文书、法器、金银珠宝、擦擦等），藏民族出于对神灵的敬畏，向来不予打扰；而在外来者眼中，这些全是唾手可得的宝贝，便毫无顾忌地毁坏、攫取。我了解到的百年以来略有名望的途经此地者，几乎没有空手而归的，而他们对此并不讳言。这些人陆陆续续揭开此地面纱的同时，也给这座"露天博物馆"造成无法弥补的破坏。更不用说部落邦国间的杀戮和掠夺所造成的覆灭性灾难。所以，基本可以断言，象雄和古格的历史，就这样湮没在迷雾之中，与神话和宗教混为一体，难见真容了。

如果说敦煌是"吾国学术之伤心史"（陈寅恪语），那么札达就是"西藏历史之伤心史"。

我痴迷阿里许多年，几乎不会放过有关阿里的蛛丝马迹。姑且将我历年来所读到的散碎文字融会贯通，以粗浅的揣测"去伪存真"，用最简单的线条还原一个札达过往。

现在，我们一起回溯到远古。

在人类古文明生发的早期，依傍着在大地上流淌各条河流，在地球不同地方分别诞生了华夏、巴比伦、埃及、印度、希腊、玛雅等诸多文明。象雄，如今虽已烟消云散、片甲不留，却足有资格与这些名字并肩，站立于人类文明史的开端之处。象雄文明依赖象泉河而生，首都就在土林之中的穹窿银城。

象雄王朝曾经盛极一时，疆域极其辽阔，分为里、中、外3个区域。因文献及理解不同，各区域的说法出入很大。保守来说，象雄至少包括今天的中国西藏大部和西边的克什米尔、东边安多藏区的一部分。如果按照苯教记载，则可以将更西边的波斯、阿富汗东北部、乌兹别克斯坦南部和东边我国的康巴藏区（川西大部）都划归其国土。

诸多史料给我的整体感觉是，古象雄是一个比较松散的部落联盟体，因为统一的宗教文化而具有一定的向心力。象雄国王真正具有行政能力的范围，应该还是今天以阿里三围为核心的一片区域。

象雄文明建立的诸多定居遗址现在散落于阿里各地，其中以札达一带最为集中。根据这些遗址估计，极盛时的象雄国人口总量应有数十万之众。这样大规模的聚居，令之后在此建立的各个王国都望尘莫及。如此规模的"城市群"，必定有先进的文明体系作为支撑。我猜想，象雄国的农业、工业、医学、文化、艺术、天文、地理、宗教等都应该颇有成就。可惜事到如今，我们所能明确知道的象雄文明的唯一遗产，就是它的宗教——苯教。偶有一些现已无法识别的古代经文和洞窟壁画，被视为象雄遗存，但也无法证实。

记载称，象雄国共传位 18 代国王（我以为此说出入很大，按说吐蕃王朝并没有象雄古老，松赞干布与象雄末代王是同时期人物，而松赞干布已经是吐蕃王朝的第 33 代赞普），至 7 世纪初，被山南地区兴起的吐蕃部落所吞并。

吐蕃与象雄的战争颇有戏剧性。吐蕃英主松赞干布先是与象雄和亲，将他的妹妹萨玛嘎嫁给象雄国王李迷夏，但是李迷夏移情别恋，备受冷落的萨玛嘎便与哥哥松赞干布里应外合，一举灭掉了象雄王朝。此后二三百年，上部阿里归属吐蕃王朝。

接下来的历史走向你来我往、"烛影斧声"，犹如一团乱麻的战国时代。我尽量按时间主线简单描述。

841 年，吐蕃末代王朗达玛即位，当时吐蕃国势衰微，内外交困，被迫开始灭佛。但是朗达玛最终被佛教势力所杀，从此整个高原政权分崩离析、各自为政。上部阿里同样陷入贵族割据的状态。

朗达玛死后，他的次妃生下遗腹子维松，而大妃同时也生下遗腹子云丹（据说云丹非亲生，而是大妃娘家的侄子）。维松和云丹各有势力支持，各据一方，征战不休。维松生子贝科赞，贝科赞于 899 年在与云丹一派的战争中落败，并遭杀害。所幸贝科赞还有个儿子叫作吉德尼玛衮。这位落难王孙就成为接下来的主角。

战争落败，大势已去，末代王孙吉德尼玛衮落荒而逃，一路向西，直跑到土林环绕的地方，才得以落脚。收留王孙的人是扎布让部落土王扎西赞。当时上部阿里三围中，扎布让是实力最强的部落。

顺便说一下：当时这一带较大的部落除了扎布让，还有达巴部落。扎布让、达巴这些地名一直沿用至今。现在的札达县，即扎布让与达巴的合称。而当时并没有"札达"一词。

部落土王扎西赞慧眼识英雄，也爱惜吐蕃王朝这一脉骨血，不仅收留了吉德尼玛衮，还招他做了女婿。年迈之后，又将王位传于吉德尼玛衮。

这位吉德尼玛衮果然非等闲之辈，有生之年四处征战，迅速统一了阿里三围和周边的芒域等地区，最终建立了上部阿里的稳定政权，都城依旧建立在扎布让部落的原址——象泉河边一座高耸的土山之上，是为古格王朝遗址。

再多说一句：据专家考证，现在基本可以确定，古格王朝遗址首都所在的土山，应为原象雄王朝遗址，极可能是象雄王朝后期的都城（早期都城在不远处的穹窿银城）。也就是说，古格王朝遗址继承了扎布让部落遗产，而扎布让部落继承的是象雄王朝遗产。

吉德尼玛衮临终做了一个令人意外的决策——把国土分封给了自己的三个儿子。长子贝吉衮选择了湖泊环绕的芒域（今日土—拉达克一带。因地理概念的扩展，此处不再沿用"日土"一词而用"芒域"），即拉达克王朝；次子扎西衮选择了雪山环绕的普兰；小儿子德祖衮留在本部，即土林环绕的古格（此时尚无"札达"这一地理概念，为了方便和尊重史实，我暂将德祖衮所掌管的王朝称为"新古格王朝遗址"）。（兄弟三人长幼顺序及各自所选区域说法不一。）这就是史书中所说的"三衮占三围"。未几，普兰王朝又被兄弟之邦新古格王朝遗址所吞并，这样新古格王朝遗址就成为上部最强大的国家。

　　新古格王德祖衮之后，长子即位。新的国王笃信佛教，醉心佛法，一心复兴佛教。不久即禅位给弟弟，自己出家为僧，法名益西沃。

　　当时整个青藏高原仍处于松散混乱的局面。虽然佛教是比较统一的信仰，但因为缺乏统一而严格的教义教规，也没有能够统领全局的高僧大德出现，所以各地宗教各自为政，甚至凭借宗教势力肆意妄为，行为不端的僧人酗酒滋事，"双修解脱"泛滥寺庙，无法无天。当时，佛教不仅没有起到教化众生的作用，反而成为社会的一大"公害"。鉴于此，新的古格王认为，用行政力量不足以拯救一个国家，要维护国家长治久安，必先使其国民具有统一而严格的信仰，所以果断放弃王位，"弃政从教"，人王变身法王。

　　法王益西沃在藏传佛教历史上贡献卓著，被后世尊称为"拉喇嘛益西沃"。拉喇嘛益西沃主要做了三件影响深远的事：一是选派一批青年才俊到印度研习佛法，这其中的佼佼者就有在佛教史上影响巨大的大译经师仁钦桑布；二是在仁钦桑布他们学成归来之后，支持其修建了托林寺，仁钦桑布在此翻译了大量经论。三是迎请印度高僧阿底峡尊者到阿里传播佛法。

新古格王朝遗址为了迎请阿底峡尊者，竟然又掀起了一场战争。

战争的起因众说纷纭，有说益西沃在西行迎请阿底峡的路上被北方一个叫作噶洛的国家所俘；有说迎请阿底峡需要大量黄金，益西沃便率兵攻打噶洛，以攫取黄金，但是兵败被俘。

这个噶洛国为哪一政权？根据时间和地理位置推断，我认为应该是当时横跨南疆和中亚一代的葛逻禄政权或其继承者喀喇汗王朝。

益西沃被俘之后，同样虔诚的信徒噶洛王劝其投降，并要求法王改信伊斯兰教，便放其回国，益西沃严词拒绝。噶洛王又提出另一条件：用等身重量的黄金来赎回益西沃。

得到消息，新古格王朝遗址暂时放下迎请阿底峡的准备，动员全国之力筹集黄金，准备营救益西沃。黄金即将筹齐，新古格王派王子先行探望法王，告诉法王不多时日即可筹齐黄金。不想益西沃一心向佛，拒绝以如此大的代价营救自己：就用这黄金去迎请高僧阿底峡吧。之后，益西沃慷慨就义。

接下来，印度高僧阿底峡尊者来到西藏。尊者在有生之年走遍上部（阿里）和卫藏（前藏拉萨及后藏日喀则），广布佛法。他和大译经师仁钦桑布是藏传佛教后弘期至为关键的两个人物。关于他们的故事多有流传，此不赘述。蔽之一言：阿底峡尊者之于后弘期藏传佛教，犹如鸠摩罗什尊者之于汉传佛教；同样，大译经师仁钦桑布的地位，约同于玄奘法师。

……

我不嫌微末地介绍这段冗长历史，此处可做一个简短总结：藏传佛教后弘期上路弘法，正是从上部阿里揭开序幕，并很快传遍整个高原的。从此之后，教规教义系统规范，佛教再次步入正轨。而屹立于阿里高原的托林寺，正是佛教后弘期上路弘法的祖寺，地位崇高，意义非凡。

故事太长，不由得忘了时空。现在，我们揉揉眼睛，告别往事，再次回到 2014 年 6 月 7 日的下午时分。风吹干了前尘，水冲走了沉冤，阳光耀眼，暖风和煦，我们进入土林包围下的札达县城，找好宾馆安顿下来，便进入县城边上的托林寺参观。

依照西藏第一座寺院山南桑耶寺建造，由大译经师仁钦桑布亲自督建，托林寺建成于 996 年，是阿里地区的第一座寺院。之后，仁钦桑布在阿里还建造了几十座寺庙，现仍存 25 座，均为托林寺属寺。为了建造托林寺，仁钦桑布从克什米尔、拉达克、印度和尼泊尔征集了大量建筑师和雕塑、绘画工匠。所以，托林寺与卫藏地区的寺庙风格迥然不同，给人一种鲜明的异域感。毋庸多言，如今依旧屹立在象泉河边的无数佛塔，已经充分说明了这一点。

托林寺壁画（阿里地区文旅局提供）

但是，等我们进入托林寺，面对各个佛殿规模宏大的壁画，还是瞬间被惊呆了！

那个下午，面对托林寺壁画，大橡、薇拉和我，除了赞叹，几乎再无语言。我们就那样傻傻地陶醉，穿越千年时光，迷失在那些妩媚妖艳的色彩和线条之中，不能自拔……

写到这里，我觉得自己的文字太过无力，而欣赏壁画所需要的宗教和美术知识更是贫乏，实在不能表述那些壁画的一端、一笔。四壁无数的佛陀菩萨、帝王将相、各国使臣、贩夫走卒、花鸟走兽、峨冠博带、丰乳细腰、举手投足、喜怒哀乐、庄严妩媚……让人眼花缭乱，却又不能揣测其中三昧。寺内喇嘛只能讲藏语，零零散散讲几句，再由汉语水平一般的曲珍零零散散翻译给我们，早已挂一漏万，甚至不知所云。我尽力倾听外加努力观

托林寺壁画（阿里地区文旅局提供）

第九天 塔尔钦—札达

黄昏时分的托林寺

察,也还是如入云山、毫无头绪,以至于不知该从何问起……阿里似乎就是这样,从古至今,任何一处都令人晕眩。

无奈,空自赞叹一下午,直到寺庙关门谢客我们才悻悻离开——满怀牵挂,怅然若失。

告别托林寺,斜阳温润。依偎在土林怀抱的札达县城和托林寺宁静优雅。藏民络绎来到托林寺外的塔林转经,口中念念有词。县城里的学校也放学了,一大群学生每人拿一本书也加入转经行列,同样念念有词,不过念的不是六字真言,而是教科书。塔林之中,经幡之下,象泉河边,与这样两类转经者同行,岂不妙哉!夕阳将坠,土林的颜色越来越红,最后变成不可思议的血红色。想千年之前,那些传奇人物李迷夏、萨玛嘎、扎西赞、吉德尼玛衮、益西沃、阿底峡、仁钦桑布……还有更多的寂寂平民，都曾像我一样，在每个黄昏面朝这片血色土林，看惯象泉河水，送别同一轮老太阳。

第九天 塔尔钦—札达

札达土林的某处,我们曾经迷失,在深夜里寻索良久

山知道 大北线日记

8日/6月　第十天　| 札达—狮泉河

早上5点,札达夜色正酣,浩荡土林沉睡不醒。我们再次出发。

昨天的故事还没有讲完,古格王朝遗址才刚刚开场。不过我们需要更换一个场景。

如今的札达县城坐落在托林寺旁边,这里是古格王朝遗址的宗教中心,行政中心并不在这里。

沿象泉河顺流而下,向西20千米,车停在一座巍峨山峰下。夜色依旧深沉,繁茂星空笼罩着无垠土林。呼呼风声和滔滔河水带我们进入历史境界。

这山峰就是古格王朝遗址。这片区域现在叫作札达县扎布让区，"扎布让"是此地已知最古老的名字。

朝代更替本身就是一幕幕悲情剧，而屹立在萧瑟土林中的这座巍峨山峰，尤其符合上演悲壮故事。正好，我们的故事讲到了悲剧的高潮部分。

天色渐渐清明，眼前的山峰缓缓显现出暖黄色。与周围一样，这也是一座土山。不同的是这土山上遍布窑洞、寺庙和佛塔。

漫长的千余年间，这片山坡曾经有两次热闹非凡：一次是1076年，此地举行了盛况空前的"火龙年大法会"，当时全藏高僧云集于此，纪念尊者阿底峡。另一次是17世纪上半叶，有整整18年时间，兵戈铁马的厮杀笼罩着这里。

现在，我们缩小视野，将目光聚焦在17世纪初这段悲情年代。

朝代衰亡大多因内忧外患同时爆发，古格王朝遗址就是这样。在17世纪初，内忧和外患同时降临，将古格逼到了死角。

先说外患。"三衮占三围"之后，兄弟邦国间的征伐几乎没有间断。先是普兰王朝早早被古格所吞并，心有芥蒂的拉达克王朝以此为借口，与古格王朝遗址时有冲突，但因双方实力不相上下，总体还算平静。直到16世纪下半叶，古格王朝遗址日渐衰落，拉达克对其侵扰日益加剧。17世纪初，"拉达克王森格朗杰发兵攻打古格，掠夺大批马匹、牦牛和绵羊，以至于整个拉达克土地上布满了牦牛和绵羊"(《拉达克王统记》)。另一件有明确记载的事发生在1615年,这件事由西方传教士记载在书信中:古格王唯一的儿子精神失常,多方医治无效,而王后已经不能再生育,国王决定再婚。新婚妻子就是拉达克王的妹妹。这件事情看起来一举两得,既可为王朝延续香火,又可通过和亲缓和两国关系。拉达克王的妹妹和陪嫁队伍浩浩荡荡向古格行进,谁知距离扎布让仅有两天路程时,古格王竟不知何故,阻止其前进,并令其返回拉达克。如此无礼的拒绝令本不安分的拉达克王怒不可遏,于是一场旷日持久的战争就此开始。这场战争一直持续了18年,直接导致了古格王朝遗址的灭亡。

再说内忧。古格以佛教立国,尊佛崇佛的古格王朝遗址,历经600多年蹒跚前行,终于不堪重负。到王朝末年,遍地布满寺庙,香火旺盛,年轻有为的男子大多出家为僧,僧侣集团成为最强大的阶层。这个阶层不事生产,不理外患,反而要全社会来供养,成为古格王国巨大的负担。而此时正值外患重重,朝廷疲于应付,却还要与僧侣集团争夺财力、物力和人力。事已至此,抑制佛教已经于事无补,"灭佛"成为不得已的选择。末代王赤扎西扎巴德与他的祖先朗达玛一样,被迫与佛教决裂,并开始灭佛。

这时,两个富有传奇色彩的人物分别出现。1618年,一世班禅驾临古格,古格倾举国之力隆重接待3个月。临别,一世班禅封古格佛教领袖——古格王的叔父为"法王尊驾"。1624，两个金发碧眼的西方人出现在古格，他们是葡萄牙天主教神父安东尼奥·德·安德拉德和修士马奎斯。他们的到来令古格国王颇感兴趣，似乎找到了与僧侣集团抗争的"突破口"。所以国王颁布命令，传教士可以随时进出王宫，传播福音。

现在看来，一世班禅和神父安德拉德先后出现，表面上是为僧侣集团和朝堂势力之争呐喊助阵，实际上却为这奄奄一息的王朝敲响了丧钟。

1625，西藏的第一座天主教堂建了起来。教堂顶上巨大的十字架在寺庙经幢的合围之中，突兀地站立在象泉河边。

虽然国王和传教士信心满满，但这种奇怪的外来宗教还是令国人难以接受，直到1630年，受过洗礼的信徒还不到100人。

国王对天主教的格外开恩令僧侣集团感到不安，他们也更加无节制地扩充实力，大量征集平民出家。而国王有了新的信仰，世上"唯一的真神"——天主，便无所顾忌地向僧侣集团发难。1630年，古格王派军队入驻寺院，强制僧人还俗。仅仅3年，兴盛700年的佛教被清理一空，僧人流离失所。国王的暴虐令世代信仰佛教的国民集体愤怒，1633年，国王病倒，压抑已久的僧侣集团发起暴动，迅速包围了首都扎布让。内战开始。

顺便说一句，古格王不惜得罪拉达克王而悔婚，民间有一种说法，便是因为其信奉了天主教，而天主教不允许他再与信奉佛教的拉达克王妹通婚。

在古格遗址的留影

内战胶着之时,拉达克人乘虚而入。事情此时变得复杂微妙:僧侣集团和国民虽然痛恨国王的灭佛之举,但是面对外敌拉达克,他们立刻捐弃前嫌,临阵回矛,

古格已远,经幡常新

皮央遗址壁画

开始抵抗侵略者。素无战争经验的僧侣集团哪里是久经沙场的拉达克人的对手,很快便败下阵去。绝大部分僧侣和平民成为拉达克人的俘虏,被迫在拉达克人的皮鞭之下,修筑攻城工事。

皮央遗址壁画

古格高高在上的都城是一个天然堡垒，易守难攻。而且其间地道纵横，补给充足，所以整整一年有余，战争陷入僵持状态。拉达克人所能做的就是耐心修筑"围墙"，以借此高台困住古格王，并发起最后总攻。

天亮了，古格遗址完全展现在我们面前。日出将整个土山渲染成悲怆的红色。遗址的一层层台地上布满了各种奇奇怪怪的工事，不知道哪一层是拉达克人所建。

双方都熬过了1634年那个艰难的冬天，拉达克人竟然没有在寒冬撤退。天气转暖，"围墙"工事再次开启。站在高高的城头，身体虚弱的古格王赤扎西扎巴德内心感到无望和震颤，国土满目疮痍，人民生灵涂炭，而自己的军队已无力突围。

只有一途——和谈。

赤扎西扎巴德的弟弟——第二代法王尊驾出场，担当了和谈的中间人。谈判的条件还算说得过去：古格王投降，每岁向拉达克进贡，保留古格王位。拉达克撤军。但有一个附加条件：国王赤扎西扎巴德必须亲自到山下向拉达克军队投降，并献上贡品。

犹疑再三，信奉天主的国王只带着极少数随从下山了。背信弃义的拉达克人一拥而上，国王做了俘虏，被押往拉达克首都列城，终身监禁。绵延700年之久的古格王朝遗址，就此灭亡。

古格王朝遗址从开国帝王吉德尼玛衮开始，共传位28代。9世纪末吉德尼玛衮流亡扎布让，约在10世纪初完成建国大业。古格王朝遗址灭亡时间很明确：1635

年春夏间。古格历经 700 余年，对应唐末到明末，国运够绵长。

现在，我们开始爬山，深入这座遗址内部去看看。

整座土山洞穴遍布，洞穴之间错综复杂，所有洞穴都没有门户，黑黢黢的洞口朝向苍穹，似乎死不瞑目的古格王朝遗址在向天鸣冤。洞穴中遍布卵石，这应该是当年古格人的"武器"。稍加留意依然可以从中发现锈迹斑斑的残甲、箭头。据说不少洞穴至今仍堆满无头尸体，且不朽坏，成为此地难以解释的奇观。但我们没有去特意寻找那些"孽气不散"的洞穴。沿陡峭的山路攀缘而上，依次经过白殿、红殿、度母殿、大威德殿、坛城殿。可惜这些大殿之内空空如也，再无皇家气派。当年拉达克人攻陷此地之后，将珍贵物品劫掠一空。之后数百年此间几乎无人看管，残留之物任由后来人翻捡殆尽。残存的一些佛像也尽数肢体残缺，甚至腹心处被挖

开大洞，因为佛像腹中都有珍宝装藏。各个大殿仅有精美的壁画显现出皇家气派，古格历代帝王画像仍旧端坐在四壁之上。除了帝王画像，令人印象深刻的是绘于白殿一面墙壁上的壁画，根据所绘内容，我称之为《朝贡图》。画面分上、中、下三层，或立或坐，布满端庄合掌的各色人物。根据服饰判断，最上一层应为本地和印度僧俗，中间一层以阿拉伯人为主，最下一层为站立行进者，分别背负各种供品，并驱赶着一群牛马。除此之外，画面中还罗列不少珍宝、器皿、兽皮，细看之下，甚至还有白人和黑人夹杂其中。如果不是君临万国的畅想，那么从画面推断，古格王朝遗址曾一度强盛到令人难以置信的程度，或者可以说"古格曾作为世界级强国屹立在高原之巅，接受四方朝拜"。

我还是忍不住要赞叹这些壁画。充满异域风情的画

古格遗址壁画《朝贡图》（阿里地区文旅局提供）

作与昨日所见的托林寺壁画如出一辙,却又比寺庙壁画多出些许人间气息。奔放的线条、浓艳的色彩、妩媚的身姿、勾人魂魄的表情、奇思妙想的创造……而且,这片遗址的壁画总规模可能比托林寺的壁画规模还要大。损毁殆尽的遗址令人扼腕,保存完好的壁画复又令人欣慰。我们三人沉醉其中良久,无力赞叹,只是无语。

可惜,这些壁画严禁拍照。询问管理人员有无画册出售,他翻腾半天找出一本,但又说仅此一本了,不能卖。我央求再三,他终于答应卖给我,但是画册上竟然没有定价。他让我看着给,我出价200元成交。

就像古格王朝遗址扑朔迷离的历史一样,学界对古格壁画的来龙去脉、艺术特色、流派风格等尚无定论。这也许会成为又一个谜,魅惑般停留在历史之中,为阿里和古格增添一抹动人而迷幻的色彩。

古格遗址壁画供养人(阿里地区文旅局提供)

第十天 札达—狮泉河

东嘎遗址坛城殿洞窟

至此，我们仅仅粗略参观了托林寺和古格遗址的部分壁画，本地更多的遗址，如香孜、达巴、皮央、东嘎、穹窿银城……据说都有壁画遗存，遗憾行程所限，无法亲顾。但仅目前所见，以我多年来喜欢到各处参观欣赏壁画的经历，加之个人此刻对古格风格蓬勃的偏爱，冒昧总结一句：敦煌归来无壁画，古格归来无敦煌！（当然，作为晋人，还是要给这句话加个前提：仅限于古代

古格遗址顶部王宫大殿的残垣断壁

佛教壁画。遗珠遍地的三晋大地，其星罗棋布的道教宫观壁画、墓室壁画，也独步古今，不遑多让。）

下山之后再回首，脑海中突然闪现出后藏的另一座同样充满谜案和悲愤的山峰——宗山。在我眼中，江孜县的宗山和面前的古格土山，就像两座屹立千年的古碑，藏纳着旷世奇冤，以倔强的姿态定格在高原之上。推而广之，我又想到遍布西藏乃至整个高原的无数遗址，不

用说山南的雍布拉康和拉萨的红山，仅我这些年行走中所过眼的遍布于安多、康巴和卫藏的残破遗址何止几十上百，甚至在川西幽深的错普沟、甲居陡峭的绝壁上、喜马拉雅遥远的绒布河畔，都遍布着不知哪一时代古人所建立的嵯峨宫殿、浩浩城堡、奇崛碉楼，它们背后又有着怎样的故事？它们的主人又都到哪里去了？想到这里，不敢再想——面对迷雾重重的高原，自己的苦行和

皮央遗址

对一时一地的细碎探索几乎没有意义……

　　而眼下，我手中所拿的这张札达旅游门票，上面所列的可参观内容除托林寺和古格遗址外，仍有皮央遗址、东嘎遗址、香孜遗址、多香遗址、穹窿银城、达巴遗址、热布加林寺、朗玛寺……资料显示：香孜在古格以北数十千米；多香在古格以西 30 千米；达巴在古格以东骑马一天的路程……这些地方作为古格首都当年的"卫星

城",众星捧月般与古格本部组成一片规模盛大的"城市群落",曾有十万之众生活在这片城市群落中。而那些遗址又隐藏着什么秘密?是否也存在众多宫殿和精美壁画?突然觉得自己好无力。我们念念而已,决定不去打扰它们了。

但是有一个念头萦绕心中许久,借此一议。

那些深藏在成王败寇的战争背后的原因,难道仅仅是帝王的一时偏执,背信弃义地拒绝一桩婚事,或者因为灭佛而造成的"水可覆舟"的君民对立,抑或是因为战争双方实力的悬殊?是否还有更深层的原因在冥冥之中注定这一切的走向?

古格世代,曾有十万之众生活于此,而今札达全县也不足万人。举目土林,这片荒凉萧瑟之地哪里像能承载十万之众的土地?可是,再回看那些庞大的遗址群落和遍布的洞穴,那十万之众又毫无疑问地真实存在过。

这个矛盾又如何解释？

17世纪初，古格和拉达克同样被战争折磨了18年，为何衰落的不是拉达克，而是古格？

我隐隐觉得，有一只"上帝之手"在拨动历史的天平。

札达县现有数万亩现成的土地资源等待复耕，而多年来不能实现复耕的唯一原因是——缺水。

水，哪里去了？

那些来自神山圣湖的浩浩流水，那些养育了伟大的象雄文明复又养育了伟大的古格文明的大水，哪里去了？如今，宽阔的象泉河谷只有一条介于河溪之间的流水默默流淌，再无帝国气魄。

历史学者往往把目光停留在那些充满悲情色彩和传奇故事的战争之中，而忽略了战争背后的大环境和大历史。而我认为，宗教和战争皆为表象，地理和气候因素才是冥冥之中决定这一切的根本。也许因为一些微妙的原因，比如高原的隆盛、气候带的转移，或者太阳活动的微小波动，或者雪山冰川的日渐枯竭……反正地理上的任何一个小动作都足以使本地原有的温润气候突然变得干燥。然后就是自然而然的庄稼歉收—土地荒芜—社会财力物力匮乏—寺庙与国王争产—灭佛—国势衰落—外敌入侵—投降灭国。

那么，那只上帝之手，就是水，就是气候。

而决定水和气候的，就非人力或帝王的帷幄韬略了。

告别札达，满心疲惫与失落。似乎经历了一场关乎自身的切肤之痛，五味杂陈于心，无法言说一端。

象雄—扎布让—古格……

李迷夏—扎西赞—吉德尼玛衮—益西沃—赤扎西扎巴德……

诸多遗址挺立在高原之上，如此紧密又如此零散，如此坦然又如此神秘，如此耀眼又如此黯然。它们就那样站着，站成传说，任凭后来者仰望、猜测、凭吊、嗟叹，任凭他们践踏、损毁、抹杀、盗掘……

规模宏大的皮央遗址

多说一句：17 世纪末，甘丹颇章政权建立，五世达赖派遣蒙藏联军进入上部，将拉达克人驱逐出境，收复了阿里三围。那时奠定的阿里地区边境线延续至今。

下午抵达狮泉河。这里现在是阿里地区最大的城市，也是一座充满民族融合味道的城市。

第十天 札达——狮泉河

告别札达，似乎经历了一场关乎自身的切肤之痛，五味杂陈于心，无法言说一词。

山知道

大北线日记

9 日 / 6 月

第十一天 | 狮泉河—日土—狮泉河

第十一天 狮泉河—日土—狮泉河

狮泉河镇是阿里地区现在的行政中心,建立在狮泉河畔的一片辽阔谷地上。这是一座年轻的城市,雏形诞生于 1964 年,当时建设新藏公路的工人们将几座营房建在这片取水方便又避风的山脚下。新藏公路于 1966 年通车,鉴于交通等因素,阿里地区行政公署从一山之隔的噶尔昆莎迁来。到 20 世纪 80 年代这里才初具城镇模样。满打满算,狮泉河镇建立还不满 50 年,应该是中国最年轻的地级市了。

从札达到狮泉河镇,翻山涉水 250 多千米,前 1/3 穿行于土林之间,中间 1/3 辗转于盘山公路之上,最后

从札达去往狮泉河的盘山公路

1/3 进入狮泉河谷,奔驰在辽阔无垠的荒野之中。翻过噶尔昆莎东面的达坂(达坂:山口的意思。原为蒙古语音译,现通用于内蒙古、新疆、青海和西藏部分地区的语言中),远远看到一座由现代建筑凝聚而成的小小城

在 219 国道远眺依偎于山下水边的狮泉河镇

市，密集的玻璃幕墙在几座峰峦之下闪闪发光。在辽阔的高原上，狮泉河镇实在渺小得可爱。举目四野，何处不能安放无数个这样的都市？如果在低海拔地区，这里定是一个充满无限想象力和发展空间的地方，而在这里，人们只好委身于大自然相对温和的一隅——路边、河畔、避风、有水。

走到狮泉河镇，已经到了西藏的边地。在此地回想拉萨，无论在空间上还是时间上，都已遥不可及。藏文化和藏传佛教的力量至此已是强弩之末。

安顿好宾馆，我们几个就迫不及待地去往楼下的清真饭店，狂点一桌子烤肉、拉条子、酿皮，大快朵颐，边吃边大呼过瘾。那饭店的葱花烤馕实在好吃，临走我们还打包了一大袋子。我们三人沉溺于美食的饕餮之状不免让来自后藏的曲珍和前藏的仁增觉得好笑，他们对清真美食没什么兴趣，每天早晨必吃自带的糌粑就酥油茶。从小在新疆喀什长大的薇拉，完全像是回到了家乡，纠缠她一路的高反瞬间消失，从饭店出来还推荐我们一定要再吃一个缸子肉。不得不佩服新疆人在饮食方面太有天赋，同样的东西，藏族人只能自给自足，而新疆美食却能打遍天下。出行十天了，我们第一次陶醉在美食的快乐之中。

相对任何地方而言——无论东南面的日喀则、拉萨，还是西北的和田、叶城，这里都是远方，千里迢迢，都隔着难以逾越的天堑。狮泉河镇出现在无边的荒野上，就像一个假设，因为突兀而充满魅力。这里竟然有着内地的繁华，可以享受到大都市才有的物质文明，总觉得有些天方夜谭。因为除了水，其他一切物资全部从新藏公路这条生命线上运来。新鲜蔬菜颠簸5天～7天，到此地已经腐烂损耗不少，更不用说是否新鲜了。所以，此地的一针一线、一菜一米都来之不易。吃完饭，我们在大街上散步，看着一家家熟悉的品牌服装店、卡拉OK厅，似乎给看惯了荒野的眼睛吸氧。遇到一家菜店，我们忍不住进去看看。虽然贵得要死，还是要买一些——我们的身体太需要维生素了。一个西瓜40元，西红柿黄瓜8块一斤，苹果9块一斤，虽然品相很差，价格却足有内地的四五倍。

……

这些都是昨天6月8日的事情。为了不破坏昨天所描写的厚重历史气韵，我特意把这一段轻松快乐的经历移到今天。

现在，6月9日，又一个美好的早晨，睡到自然醒，然后继续出发，去往阿里三围中的最北一围——湖泊环绕的日土。

　从狮泉河镇向北，沿新藏公路翻越冈底斯山最北一个达坂，约150千米路程后到达日土县。日土城外就是大名鼎鼎、奇形怪状的班公错。

　站在日土城外，面朝北面的班公错极目四望：漫长的喜马拉雅山脉还在我们左侧伸展，虽然接近尾声，但余威犹在；冈底斯山脉已经结束于身后，它结束的地方，是一座怪石嶙峋的山，被古地质时代打磨得圆滚滚的巨石全部纵立，充满诡异的力量——"枪叉支架状山下"，这就是日土一词的藏语本意；隔着班公错巍然挺立的是另一条世界级山脉——喀喇昆仑山脉；在喀喇昆仑和喜马拉雅交汇处，班公错的西北方，又生出一条向西而去的山脉——兴都库什山脉；在我们的右前方，与喀喇昆仑山脉首尾相连的，则是西藏和新疆的界山——巍巍昆仑；而在不远的东面，就是可可西里山脉——那里有中国乃至世界知名的无人区……世界上最具气魄的几条顶级山脉全部发端于此，然后向不同方向伸展。更令人感到豪迈的是：喜马拉雅—喀喇昆仑一线，是东、西亚洲的分界线；兴都库什山脉则是南、北亚洲的分界线。这些山脉如群龙汇聚于此，这是不折不扣的亚洲中心啊！多么豪迈！

由这些山脉孕育出的几大河流——狮泉河、象泉河、马泉河、孔雀河，也分别奔向不同方向，以大慈悲和大包容养育着中国西藏和南亚诸国（印度、巴基斯坦、孟加拉国等）。除此之外，在群山之间，更多河流止步于宽阔的山间盆地，形成了玛旁雍错、拉昂错、昂拉仁错、扎布耶擦卡、扎日南木错、当惹雍错等无数湖泊，滋养着高原众生。阿里地区自古就以"千山之祖、万水之源"名满天下，而眼下，我们所站立的日土县，真正又是"阿里的阿里"：万山在此盘结，大湖于此横亘。

山水密集之地自然也是人类栖身之所，所以行走在日土境内，常有史前文明遗迹出现。在狮镇到日土的百余千米中，就有两处岩画遗迹展露在公路边的崖壁上，

山知道　
大北线日记

第十一天
狮泉河—日土—狮泉河

班公错日出

其中的狩猎、放牧、祭拜、战争、舞蹈等画面,简洁生动,意趣盎然。还有一些奇奇怪怪的符号,难以破解,不知古人在诉说什么秘密。古人远逝,他们的一部分灵魂凝固在石头上,穿越时空,展示着他们的虔诚、勇猛和精彩。

位于公路边的日土岩画

第十一天 狮泉河—日土—狮泉河

班公错,鸟的天堂

动人还是班公错。

　　正午时分,阳光把一朵朵云影清晰地印在近水远山之上。风起云涌,云影便如精灵般在山水间游弋。日土城外的班公错还是湿地,草滩与湖水交替,一直延伸到视野尽头。这里的气候明显要比别处温暖,草色已经返青,成群的牛马散落在水间滩地,好一派明媚祥和的天然牧场。临水伫立,任风拂过,尽情享受这荒原深处的惬意时光，享受大自然给予我们的奢华赏赐。沿湖岸行进，渐渐离开湿地，进入波光浩渺的深水区，成群水鸟翔集于山水间，复又成为鸟的天堂。班公错水色多变，从此岸到彼岸，由灰蓝—翠绿—深蓝层层铺排，犹如一个天然的冷色系色谱。

既然是"湖泊环绕的日土"，就应该说说这班公错是如何个"环绕"法。班公错形状呈东西走向的狭长形，东西跨度约155千米，南北宽约2千米~5千米，最宽处也超不过8千米，而最窄处仅有5米！班公错所在的地区原为古格王朝遗址领地，三衮占三围之后，为拉达克王朝领地。试想在古代，人们无论是沿着班公错长途跋涉，还是站在湖边山顶极目远眺，总是只见对岸，不见两端。修长的班公错在北方国土上无限延伸，自然给人一种环绕疆土之感——"湖泊环绕"之说即由此而来。

对于信奉万物有神、喜欢转山转水的藏民族来说，浩渺如神湖玛旁雍错，环湖一周也不过60千米，苦行两三天即可绕湖一周。即便是中国第一大湖青海湖，环湖也就是360千米的坦途。而这个班公错，无论怎么走都走不到头，连对岸也到不了，更不用说环湖一周了。从地图上看，如果真能环班公错一周的话，其路程也远比环青海湖要长。更何况蜿蜒在地形复杂的喜马拉雅和喀喇昆仑山脉中，班公错沿岸绝大部分完全无路可循，环湖根本就是无法实现的事。

作为内流湖，班公错还有一奇：一湖两味，东淡西咸。而且淡水部分恰恰位于我国境内，而印控部分却是

日落时分，班公错对岸的喀喇昆仑山变成了暖红色

咸水。对这一怪现象的解释是：班公错的给水河流全部位于东端，狭长如河流的湖面有着自东向西缓慢流动的趋势，而中印实际控制界线恰好位于河流最窄的部分，可以想象，我国控制范围内的大半湖泊接近于活水，而印控范围的湖泊基本属于死水，随着水分蒸发，沉积下来的盐分不断增加，最终形成咸水水域。所以我方一侧的水可以饮用，而印控区的湖水则无法饮用了。

一向讷言的仁增师傅，今天突然开口较真，一路好几次纠正我们："这里不叫班公错，应叫作错木昂拉仁波，错木—昂拉—仁波。"这个健壮的藏族大汉一副极认真的神情，简直就是跟我们杠上了。

错木昂拉仁波才是它的藏语名字，意思是长脖子天鹅。

流连于错木昂拉仁波半日,下午时分我们再次返回狮泉河镇。

第十一天
狮泉河—日土—狮泉河

暮色时的班公错,静静环绕着阿里的第三围

大北线日记 山知道

10、11 日/6 月

第十二、十三天

狮泉河—擦咔盐湖—改则—措勤

行走大北线，真正令人记忆深刻的不是风景，而是路程。

路程给人印象深刻的不是艰险，而是遥远。

今天就是这样，从狮镇到改则，500千米。风景单调，渺无人烟。

离开狮泉河，终于改变了十天来的行进方向。从今天起，掉头东进。我们从此告别柏油路，告别还算繁华的人烟，走上了真正的北线。

世界是由天和地组成的。天上有云，很少；地上有

革吉县的盐湖东西跨越几十千米，辽阔漫长，湖边遍布野生动物

山，无数。天地玄黄，乾坤朗朗。一辆车，五个人，沿着前人碾压出的车辙，一意孤行。看看天地，觉得自己真渺小；再回首我们扬起的一路沙尘在旷野里飞扬，又觉得自己好高大。

野驴、羚羊、白鹿、丹顶鹤……

一开始还颇为激动，总要停车拍照。再到后来，只是看看，无人理会。

500公里路途中唯一让我记住的，是革吉县东面那个擦咔盐湖。（革吉县是什么样子？我一点印象也没有。只是从地图上看我们应该曾路过。）那片辽阔的盐湖是一个银白的世界，从脚下一直铺陈到远山一线，在耀眼的阳光下晃得人睁不开眼睛。据说这个盐湖在西藏的历史上意义非凡，以它为起点的"食盐之路"，与北面的

"丝绸之路"、西南的"茶马古道"齐名，成为西藏对外贸易的重要商路。而且"食盐之路"是一条外向型商路，从擦咔盐湖出发，分南、中、北三条线路向西延伸：南线经改则、错勤、吉隆，进入尼泊尔；中线经革吉、普兰，进入印度；北线则经过噶尔、日土后，分别通向北面的新疆和西部的喀布尔、中亚。关于这条"食盐之路"，历代史料多有记载，南亚、中亚各国长期以来也都离不开阿里地区的食盐供应。据记载，清乾隆年间旷日持久的廓尔喀入侵，实际就是当时的尼泊尔人为抢夺食盐而挑起的，后来乾隆帝派两广总督福康安领兵入藏，不仅将廓尔喀人驱逐出境，而且乘胜追击，一路打到廓尔喀首都阳布（今加德满都），迫使廓尔喀称臣投降，成为大清的属国。

眼下，我们所行进的这条土路，也有赖于历代驮盐的马帮、羊帮所赐。这正是古老的"食盐之路"。

路途遥远，为了赶时间，午饭从简，我们就在盐湖边的草地上解决。吃的是我们在狮泉河买的西瓜和馕。西瓜就馕简直就是绝配，西瓜的津甜混合葱花馕上烤芝麻的咸香，融合成一种奇妙的鲜味，味蕾充分享受着这种愉悦，既解饿又解渴。坐在旷野的阳光和风中，享受这种人间美味，过瘾得很。几只鼠兔远远地站着，等待着抢食我们丢掉的西瓜皮。曾经徒步过罗布泊的大橡说，在无人区徒步时有个不成文的规矩：吃剩的瓜皮要瓜瓤朝下扣在路边，这些东西也许会救别人一命。我们于是都认真起来，把吃剩的西瓜皮扣在一起，就像在神山下

面垒玛尼堆一样。等我们一起身,就看到那些鼠兔迅速聚拢过来。

狮泉河的葱花烤馍好吃得要紧,
我们在温热的阳光里大快朵颐。
西瓜皮不要啃得太狠心,
不要让鼠兔们空手而归。

——《北方的记忆》

下午7点,旷野里远远地现出几栋楼房。再走近,土路竟然变成了柏油路。街上有几辆车,有一些人。改则县到了。

大北线接下来的行程应该是从改则继续向东,离开阿里,进入那曲地区的尼玛、双湖、申扎、班戈等县。但是昨夜仁增师傅向我们提议,直接向东的大北线很枯燥,两天之后进入申扎县才能遇到一个色林错。如果有

大北线布满这样的无名湖泊

兴趣,我们可以先南下错勤,绕一下"小北线"*,再北上尼玛,去色林错那边。这样的话,我们沿途就可以看到扎日南木错和当惹雍错,不过行程会多出一天时间。我们当然对这些大名鼎鼎的湖泊心动不已,经过商量,决定放弃深入藏北双湖的行程,换得小北线的精华部分。

于是,今天的行程改道向东南,往错勤县方向前进。

一整天就是赶路,没有什么可记的。印象中曾经路过两个湖泊、一个乡村和一座寺庙,但都没有看到名字。

★小北线:从狮泉河镇向东出发,经革吉、改则后,南下错勤,沿206省道返回日喀则的线路被称为"小北线"。相对于"大北线"而言,小北线只是日喀则—阿里—日喀则之间的小环线,而大北线则是拉萨—日喀则—阿里—那曲—拉萨之间的大环线。小北线路程约2500千米;大北线总路程约3600千米,加上绕道错勤的一部分小北线之后,我们的总行程超过4000千米。

附：改则寻梦记

在改则县安顿好宾馆，吃过晚饭，将近9点。大橡、薇拉、仁增和曲珍都回去休息了，太阳还没有落山，我背着相机独自走到街上，一座房子挨着一座房子，把整个县城拍了个遍，甚至连街上的路牌、房子上的门牌都不放过。

我在完成一位老先生的嘱托。

有些照片是用手机拍的，我就立刻用彩信先发出去。我能想到，在遥远的家乡，这位老先生正用颤抖的手打开这些照片，一遍一遍地看着……

这位老先生叫柴腾虎，是我的运城老乡，也是我的忘年交。

柴腾虎先生是一位老干部，也是个老作家。不过他喜欢自称是"老西藏"，或者"老阿里"。

20多年前，作为援藏干部，年富力强的柴先生来到西藏。刚一到来他就向组织申请把自己分配到最艰苦的地方去，于是马不停蹄地到了改则县，职务是副县长。

那时的改则是什么样子，读一读柴先生的《梦回阿里》，就可略知大概。当年轻的柴腾虎刚刚到达这里时，他所发愁的事情并不是没有蔬菜或者无法通信，而是该用什么东西生火，该用什么东西才能挡住一刻不停地钻进县政府办公室——坐落在荒野上的一排土房子里的寒风……

改则县街景

柴先生在改则副县长任上干了两年，之后调任阿里地委秘书长，配合当时的地委书记孔繁森工作。1994年年底，孔书记殉职，柴先生作为孔繁森事迹报告团主要成员，走遍全国做报告。我曾听过他的报告会，虽然时过境迁许多年，但整个会场仍旧泣声一片。而柴先生并不是一个会煽情的人。

每次进藏，我都要事先告诉柴先生。他在高原有许多牵挂，经常要给老同事、老朋友，以及当年孔书记和他收养的孤儿（如今都生活在拉萨）带些东西。但是这一次当我告诉他我要走阿里和大北线时，他一下子沉默良久，然后缓缓地说："有点早，草还不绿……"

他在西藏和阿里的故事，永远也讲不完。或者说，他已经无法从西藏和阿里走出来了。

我一边给他发彩信，一边收他的信息："你们住的

大北线随拍

地方找好没有？用不用我找人安排？""最好能找个高的地方，拍一张县城的全貌。""有年龄大的藏民也拍一些给我"……

你能想到一个把自己的青春安放在荒原上的人，当他不再年轻，不太可能再次故地寻梦时，是如何怀念往昔时光。因为柴先生的嘱托，我的改则之行变得意义不同，改则那个遥远而陌生的小县城在我心里也立刻变得亲切起来，甚至有一种故人重逢之感。

拍摄到一个派出所时，天色已近黄昏。一位民警看我行为异常，出来盘问。我简单相告，年轻的民警立刻就像遇到了亲人，非要拉我进去喝水，我还要抓紧拍照，婉言拒绝了。

改则县城很小，甚至比我们的山村还要小。此刻，这个小县城也像我的故乡一样，让我感到亲切。我拍进照片里的，是一位老人的梦；从此以后，也是我的梦。

　　对了，还有一点，柴先生从来不知道高原反应是什么东西。他是我认识的唯一一个没有高原反应的"低原"人。

第十二、十三天
狮泉河——擦咔盐湖——改则——措勤

世界是由天和地组成的。天上有云，很少；地上有山，无数。天地玄黄，乾坤朗朗

第十四天

12日 / 6月

措勤—扎日南木错—当惹雍错

第十四天 措勤—扎日南木错—当惹雍错

　　一条柏油路，几栋楼房，错勤给我的第一感觉跟改则一样。也许是因为夜幕时分才到达的缘故，记忆中的错勤是灰色的——一些灰色的建筑出现在灰色的荒原上。

　　晚饭后我们出去散步，把整个县城走了一个来回，依旧没留下什么印象。

　　无论如何，我们都要感谢人类的伟大和坚韧不拔。在无边的荒野中，每隔几百千米，就有一座这样的县城出现，这是我们能够顺利行走大北线的前提和保障。我们每天都可以住进比较舒适的宾馆，基本都有热水可以洗澡，能洗衣服；基本都有电，甚至可以看到电视；大部分地方都有手机信号，可以跟家人朋友保持通信；最主要的是沿途都有饭店，以川人为主的餐饮从业者，以攻无不克的精神把蔬菜、米面、腊肉、辣椒等运送到这些在地图上甚至都找不到的地方，然后加工成可口的饭菜——他们可真是高原上最可爱的一群人；还有，虽然没有像样的公路，但成熟的车辙痕迹都能告诉我们基本明确的前进方向，是另一群可爱的人——人民子弟兵，在保障着这条翻山跨河的脆弱道路的畅通……感谢从古至今的先行者们，使我们的大北线之旅变得相对容易，使我们不必在安全和吃住行等基本问题上过多分心。但是，这样好的条件不知道是否一直会有，因为接下来的路程介于人类活动的边缘地带——藏北，几乎是"蛮荒"的代名词。

错勤，在藏语中是"大湖"的意思，这个湖泊指的就是扎日南木错。

天蒙蒙亮告别错勤，为的是去看日出时分的扎日南木错。

从地图上看，错勤县依着扎日南木错而建，县城与湖泊近在咫尺。我们6点半出发，心想7点半日出时肯定能赶到湖边了。谁知高原又一次捉弄了我们，汽车在类似古湖盆的盐碱滩地上绕来绕去，到湖边已经是上午9点，整整耗去两个半小时。太阳已经很高，摄影的黄金时间早已过去。这一点连仁增师傅也感到意外，能看到他写在脸上的急切和自责。

不过沿途也有收获。水汽朦胧的湿润小环境造就出一片野生动物的天堂。遥遥可见湖中心的坝子上立满水鸟，各色水鸟在天水间起起落落，正在举行一场盛大的舞会。另一侧平缓的斜坡上，一小群藏羚羊欢快跳跃、打斗。一只高大猛禽站立在牧民毡房边的围栏上，警惕地环视四周……

到了湖边，扎日南木错还是令我们陶醉。辽阔的水域呈现出宁静的碧玉色，一道道迂回的坝子长长地伸入湖中，描绘出它优美的曲线。令我意外的还有蚀刻在湖边山坡上一道道平行的湖岸线，这是扎日南木错渐渐退缩的痕迹，每一次大幅度退缩，它都在湖岸刻下印记。亿万年过去，湖边的山体就被消磨成了一册厚厚的史书，每一个页面都记载了一次大变迁——高原日渐隆升，气候日渐干燥，湖面日渐下降。据说现在的湖面距离最高一道湖岸线已有 50 米落差，目测应该不差。可以想象古时的扎日南木错多么浩大。即使如此，现在的湖泊面积仍有 1024 平方千米，是西藏第三大湖。

我们没有在扎日南木错作过多停留，绕过近百千米的曲折湖岸，向东北再行进 100 千米，到达另一座大湖——当惹雍错。这时，我们已经离开了阿里地区，当惹雍错属于那曲地区的尼玛。

西藏有"三大圣湖"的说法，但具体指哪三个湖，说法有出入。因为有四个湖泊都位列其中，就有了不同的组合方法。这四个湖泊是：纳木错、羊卓雍错、玛旁

山知道

大北线日记

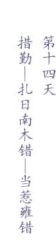

第十四天
措勤—扎日南木错—当惹雍错

扎日南木错远离人间，竟也有牧民来湖边煨桑，不知道这里住着哪一位神仙

雍错和当惹雍错。

四大圣湖中距人类聚居地最偏远的是当惹雍错，隐身于藏北草原深处，不通柏油路。所以，当惹雍错也鲜有游客身影，显得尤其宁静。

根据我的经验，藏区湖泊之所以"神圣"有一个基本前提，就是有神山（一般是高大的雪山）作为搭档。湖泊之水来自神山，湖泊也多因神山而神圣。神山为男

扎日南木错湖边的藏羚羊

性神，湖泊为女性神，这样山水相伴，就成了完美的神侣组合。这几个神圣的湖泊都是如此：纳木错与念青唐古拉的主峰唐拉雅秀相伴（唐拉雅秀被认为是藏北高原的主神和拉萨的保护神）；羊卓雍错湖边有前藏和后藏的界山——神山乃钦康桑峰；与玛旁雍错相伴的是神山冈仁波齐，前文已有详述；而眼下，矗立在当惹雍错湖

边的则是另一排神山——达果雪山。

据说"达果"和"当惹"都是象雄语,分别是"雪山"和"湖"的意思。而这一对神山圣湖组合也正是古象雄时期的苯教所崇拜的圣地,确切说是象雄古国"中象雄"的核心地带。在当惹雍错东边的湖岸边,有一处规模很大的遗址群,正是中象雄的宫殿和寺庙。

当惹雍错湖呈西南—东北走向,长约70千米。中

扎日南木错湖边的藏原羚

午1点抵达当惹雍错西岸。每遇大山大水,总不免一番沉醉:宁静的湖水如一袭娇贵的蓝色绸缎,轻轻舒展在悠长的峡谷中;天空白云飘飘,云朵与远山交融;隔湖远眺,隐约可见对岸的达果神山,一排数座雪峰巍然并峙。据说达果神山一共有7座雪峰,我们的角度隐约可以看到5座。

当惹雍错

当惹雍错面积 836 平方千米,是西藏的第四大湖。已测得的最大水深处为 214 米,是西藏最深的湖泊。当惹雍错海拔 4600 多米,但是在如此高海拔的地方居然

当惹雍错

可以种植青稞和蔬菜,成为牧区的一大奇观。据说是因为四面紧紧环绕的高山和湖泊形成了温暖湿润的小气候,使此地的温暖期比别处略长一些,恰好够农作物的生长期。不过,我们来得为时过早,能看到湖边一块块小巧的梯田,但还没有播种。

我们走走停停,从中午1点到下午7点,终于抵达位于当惹雍错北岸的一个小村庄。小村庄有十来户人家,临水而居,恬静优雅。我们打算在这里宿营,选择了一户二层住宅的藏民家,住在二层可以很好地欣赏远山近水。安顿好住处之后,天色还早,我们去往湖边拍照。

久久站立在黄昏时分的当惹雍错湖边,我被一种诡异的氛围所包围——天空云彩诡异,湖面水色诡异,远处山影诡异,一时间心若惊鸿,翱翔于时空深处……

当惹雍错和达果神山

山知道

大北线日记

13 日 / 6 月

第十五天 | 当惹雍错—当穹错—色林错

　　藏式住宅都有着宽敞的落地窗，透过房间的每扇窗户，都能看到一幅当惹雍错的绝美山水。已经是月圆之夜了，入夜之后明媚的月光洒满屋子，我们昨夜就在这月光下入梦。

　　清晨，满天霞光把卧房映照成艳红色。临窗四顾，宛若身在仙境。

　　吃过简单的藏餐，将近9点，我们告别当惹雍错。

　　错，藏语"湖"的意思。我们一路已经经过了许多"错"，但更多的"错"还在前方等着我们。

汽车向东北方向爬上一级级巨大的"台阶",爬到半坡回望,才发现我们行进的"台阶"原来正是当惹雍错在古时留下的一层层湖岸线。沿着层层台阶攀上顶端,前方有一个规模不大的湖泊出现在眼前,是当惹雍错的姊妹湖——当穹错。

当穹错是湖面下沉后从当惹雍错分离出来的,这一点可以从脚下的台阶和远山留下的"等高线"痕迹断定。遥想曾经,高原上这片古大湖的体量真令人不可思议。

小巧的当穹错委身群山怀抱,四围群山多为殷红的丹霞,白云和红色山丘都被它清晰倒映。沿湖行进,如梦如幻。

当穹错北岸有一片规模不小的藏寨,一栋栋白房子围拢着半山坡上的一座红色寺庙。寺庙背后的山坡上,挂满了鲜艳的经幡。看看地图,这应该就是文布乡了。

文布乡栖息于当穹错湖边,一个童话般的山水人文组合。

邂逅当穹错似乎纯属意外,因为连多年奔走大北线的仁增师傅对此湖也觉得陌生,这让我们颇觉不可思议,好像这个湖泊是突然间从天而降。湖泊来得神秘,湖边的藏寨也够神秘。刚一走近寨子,就遇到两位藏民坐在路旁水边,一人拿一个奇怪的东西——一截绳子末端拴着一个鸡蛋大小的金属重物,不断在水中拍打,口中念念有词。我猜想这就是传说中的"打水擦擦*"了。

我们当然忍不住要进入这个童话世界里去一探究竟。看过水边打水擦擦的神秘人物,走过湖边绿草茵茵

当穹错边的村庄和寺庙

的湿地,爬上经幡笼罩下的一小段山坡,我们就进入了文布村。有藏民从我们身边走过,默默无语,却无一例外都穿着漂亮鲜艳的藏装。我们把车停在路边,跟着藏民向前走去。人越来越多,最后聚集到了文布寺广场上。

以前曾看到过关于文布寺的介绍,据说是一座地位极高的苯教寺院。可是从寺庙内供奉的佛尊和人们的转经方向看,又不是苯教寺院,而是一座佛教寺院,这令我头晕。曲珍和仁增也不知所以,似乎到了化外之地,仁增师傅甚至不相信眼前会出现这么大的镇子和寺庙,

山知道
大北线日记

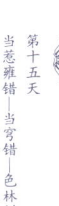

第十五天
当惹雍错—当穹错—色林错

我们行进的"台阶",正是当惹雍错在古时留下的一层层湖岸线

当穹错边盛装聚会的藏民

至于这座寺庙属于佛教还是苯教,更是无从谈起。

似乎专门为了迷惑我们,这里的人们今天突然聚集在一起,身着盛装,盘着漂亮的发髻,佩戴奢华首饰,大部分人腰间还别着藏刀。男女老少个个都高大健壮,

长相大气。连他们的摩托车也用经幡和哈达装扮一新，上百辆摩托车分列两队，集结在寺庙的转经道上，似乎有什么重要仪式要举行了。总之，在这片奇奇怪怪的山水间，一群奇奇怪怪的人制造出一种奇奇怪怪的宗教氛围……

面对眼前犹如从天而降的藏民，衬着湖光山色，我拍摄了好多照片。这里显然没有被太多游客打扰过，这些藏民面对照相机几乎没有排斥，大大方方，镜头感好得令人激动。但是等待良久，迟迟不见他们进入预想的某种仪式。无奈，我们还要赶路，只好依依不舍地离开。至于他们还要上演什么童话故事，只好交给当穹错去看了。

或许，他们只是为了迷惑我们，我们一走，他们就瞬间消失了呢。我想。

还好，我拍下了这里的一切，有照片为证。

离开文布，沿盘山土路攀上一片辽阔的平地。四周平展展的，看不到边。没有障碍，没有参照物，汽车一直狂奔，似乎永远走不出去。突然乌云密布，隐隐传来雷声，能见度一下子降得很低，紧接着冰雹噼里啪啦打在车顶上，道路瞬间泥泞不堪。我们只好离开道路，沿着车辙边上的草地缓慢前行。冰雹下得很急，隐约看到几十头藏野驴呆站在旷野上，一动不动地承受着冰雹的无情打击。几十千米之后，冰雹停了，天还阴着。路边躺着一头藏野驴，我们停车去看，这头野驴已经死了。看它头上的血迹，应该刚死去不久。它一定是受了什么

离开当穹错继续向东，攀上一片无名高地

惊吓，慌不择路地逃跑，然后一头撞在路边的铁丝网上。

现在真正"游牧"的牧民越来越少，牧民都定居在相对固定的区域，草原被划分成私家牧场，漫长的铁丝网遍布高原。但是这些设计没有考虑野生动物，它们要

藏野驴在风雪中默默伫立

随季节迁徙，每天还要在草场和水源地之间游走，这些铁丝网成为障碍，威胁着野生动物的生存。这头野驴死得太惨，令人不忍直视。我默默地给它念了几遍六字真言，临别时突然感觉天空亮了起来，一抬头，发现天空浓密的云层开了一个小口，小口的轮廓恰似这头野驴躺卧的形状。

这片高原应该属于谁呢？

人类非要把能够到达的地方全部据为己有吗？

汽车在"平台"上奔驰了约 100 千米，然后缓慢下行，又一条柏油马路和两排楼房出现在不远处的盆地中——尼玛到了。

展开地图，尼玛位于藏北无人区的边缘，再往北就是一大片没有名字的空地。人类的触角伸展到这里，已经算是奇迹了。此地距离拉萨、日喀则和狮泉河，都已经远得几乎让人想不起来。我们在一家"味当家"川菜馆吃午饭，菜价当然贵得要死，举几例让无缘到此的人见识一下：清炖鸡 156 元、香菇炖鸡 186 元、干锅蹄花 200 元、土豆丝 30 元、凉拌黄瓜 24 元、西红柿蛋花汤 20 元……即便牛羊肉也不便宜：牛肉煲和手抓羊肉都是 126 元。贵是贵，他们还是很诚信，巨幅菜单喷绘在墙上，绝无欺客嫌疑。可能来自内地的老板自己也觉得开出这样的价格于心不忍，所以大部分标价背后还写了大大的两个字——"量大"。

吃过午饭，稍事休息，下午 2 点半，我们向东进发，去往一个更大的"错"——色林错。

辽阔的北方空地

紧贴无人区,汽车在平坦的大地上飞驰,除了地平线上的一些蓝色水域,几乎没有任何视觉参照物。"有东西!"仁增师傅突然说,远远望去,地平线上有一个明显的黑点,立刻引起我们的警觉。不是汽车,肯定也不会是人,这地方不会有人独行。闹不好是熊?我嘀咕。这一带确实有棕熊,我们不由得同时摇起了玻璃窗。棕熊是这一带处于食物链顶端的大型动物,如果真遇到一头饥饿的棕熊,那可不是有故事,而是有事故了。

减慢车速小心前进,黑点也向我们缓缓靠近。快到跟前才看清,那一团黑色原来是一个骑摩托的大汉。黑色摩托车满是泥浆,大汉一身黑衣,那脸黑得几乎找不到五官,细看才能辨别出乱糟糟的头发胡子。这地老天荒的,怎么冒出一个"黑旋风"?仁增把车速降到极慢,但并没敢停车,谁知道这"黑旋风"什么来头。这时却

第十五天
当惹雍错—当穹错—色林错

默默念了几遍六字真言,一抬头,天空浓密的云层开了一个小口,小口的轮廓恰似这头野驴躺卧的形状

色林错越来越近

见"黑旋风"刹住车,以脚点地,向我们使劲挥手。我们把车窗放下一条缝,就听到一句标准的京腔:"哥们儿,有水吗?"说话间露出一口白牙,在一身漆黑的映衬下,这口白牙就像他身上的一道闪电。

这地方怎么冒出一个北京人?!

我们赶紧停车跳下去,从后备厢给他掏出许多水和干粮。"北京黑旋风"一口气就喝干了一瓶水:"我从北京出发,准备骑到拉萨,到那曲以后,听人说大北线可以通行,就绕到这边来了……哎呀,断水了,几个湖都是咸水……"

"你一个人?"

"一个人。"他说,"到有人的地方还有多远?"

我们告他大概再走100千米就是尼玛县城,然后告别,各奔东西。这家伙可以,万里走单骑。

经过三个半小时,下午 6 点赶到色林错。从尼玛到色林错,约 170 千米,我们几乎是在一个又一个大湖之间的堤坝上穿行。一连串美丽而巨大的湖泊迎来送往,却没有名字。后来查看地图,看到在这一段地图上有达则错、吴如错、恰规错三个大湖,但我们经过的似乎不止这些。这可真是"一错再错"。

我的记忆被风景搞得很乱,干脆不说它们了,专心看看色林错。

色林错像一条蓝色的丝带,远远地出现在地平线上。"蓝丝带"中间突起几座深褐色的小岛,一字排开,海市蜃楼般从岸边一直延伸到湖心。我们脚下到"蓝丝带"之间,是辽阔的草场,草色已经返青,许多白鹿自由自在地徜徉其间。

仁增师傅径直把车开到两个湖泊之间的一条狭窄坝

恰规错中分布着很多半岛

子上才停下来,然后告诉我们:左边是色林错,右边是错鄂。说完,他和曲珍快速爬到色林错边的一座小山上去了。这是我们第一次,好像也是唯一一次看到他们急急地去看风景。

我们艰难地攀上这座小山,站在山顶瞭望,色林错一望无际,消失在天尽头。蓝宝石般的湖水被微风推来层层波纹,无边的波纹给人一种音乐感——犹如琴弦在天地间震颤。我们坐在这山上发呆,直到黄昏。夕阳将坠,云霞灿然,湖边一座座不高不低的山被霞光染成暖色。那些山峰似乎属于雅丹地质,在夕阳之下,色彩和形貌都殊为奇异,犹如远古时代的巨型怪兽,坐卧俯仰于天地间。造化之美,摄人魂魄!

千万年以来,青藏高原所有的湖泊都在退缩。有证据表明,远古时期,色林错与周边的错鄂、恰规错、吴如错是连在一起的一个大湖。不过一些新的消息也令人兴奋——中科院青藏高原研究所的资料记述:"色林错自20世纪70年代以来一直在扩张。近十年来,色林错每年水位抬升0.67米,湖面每年增大50余平方公里。截至今年6月,色林错面积已达2391平方公里,比纳木错多出369平方公里。"也就是说,仅仅十多年,色林错的面积已经反超纳木错,成为西藏第一大湖,中国第二大咸水湖。那么,我们这两天的行程——从扎日南木错到当惹雍错,再到色林错,就不只是"一错再错",更是"大错特错"了。

其实不确切知道色林错扩张背后的原因是什么。最可能的是，全球气候变暖，加速了色林错水源补给地的雪山消融。那么，这几十年来的水面升高不过是这个高原大湖走向死亡的一次"回光返照"而已，等雪山消融殆尽，湖泊只能退缩得更快了。想来悲惨，但愿我是杞人忧天。

色林错不是神湖，在藏民的传说中反而是个魔鬼湖。据说"色林"就是魔鬼的意思。接近无人区，远离人寰，附近也不见高大的山峰，它就这么安安静静地待在荒原上。我们在此陶醉半下午，竟无一人路过。直到天完全黑下来，我们才想起来去找住宿的地方。仁增师傅对这一带也不熟悉，只是沿着道路前进，走到哪里算哪里。

离开色林错时夜色已经很沉
我们的车子在无人区狂奔
四周的原野青草很少
怪异的雅丹土丘窥视着我们
风很大　但星星们很坚定
从头顶一直繁荣到地平线上
我们又冷又饿　但这里是无人区
没有人　没有水　也没有牛粪
我们茫然赶路　不知道今晚会在哪里借宿
大家都不说话　只是看着车灯划破黑暗
我开始想你　想那些一闪一闪的日子
这样的夜路我走过很多
如果不是因为一路想你　那夜我早就忘了

后来在哪里过夜我也忘了
我只记得我想你 在天的边上想你
过去的日子像星空
远远的 一闪一闪的
　　　　　　——《我只记得我想你》

诗是这么写，后来的事我当然记得。

我们在深夜里看到草原上有一点微光，就向那里奔去。有一户牧民似乎就是为了等我们。捅开牛粪炉子，烧水、煮面，再喝上老阿妈冲的酥油茶，真温暖。

晚上躺在月光下的帐篷里，回想今天的路，我久久不能入睡：令人目不暇接的湖泊、艰难存活的野生动物、返青的草原草色稀疏，却开满狼毒花……还有那头刚刚死去的藏野驴，它的灵魂安息了吗？想到这里，思绪难以平静——

说起无人区，我们常常会联想到另一个词：野生动物的天堂。这两个词的关联，就像一个无稽的悖论——这是傲慢的人类，对这个世界本来的主人轻蔑的假慈悲！在最近几万年的生存竞争中，人类占据了优势，然后只用了短短几千年时间，就把地球上除了冰原、沙漠和高寒地带之外的地盘掠夺殆尽。然后，我们指着目前尚无力侵占的那几片地方说，那里是"无人区"。"无人区"这个词，本身就流露着无法掩饰的欲望和野心。甚至就连"野生动物"这个词也是如此，如果说"在野外生存"就算野生，那么野外不就是人类尚未完全控制的地方吗?所谓"野生",不过是尚未被人类驯化和捕猎而已。人类按照自己的控制能力划分陆地:完全控制(城市乡村等聚居地)、半控制(农耕、游牧和采集地)和尚未控制,"无人区"就是最后一类。正是因为人类控制了所有可能的生存空间,动物们才迫不得已躲进了"无人区"。你或许会说,它们厚厚的皮毛,充沛的血红细胞,本来就适宜生活在无人区那种苦寒地带啊,怎么能说是人类侵占呢?其实错了,厚厚的皮毛、充沛的血红细胞,这些都是迫不得已的进化结果。是结果,不是原因。就像西藏人、夏尔巴人没有高反一样,是进化的结果。

今夜,我借宿在这无人区边缘,想着这片奇崛高妙的大地和大地上默然生息的野生动物,有一种复杂的情绪在心中起伏,这种情绪,让我作为人类的自我优越感

色林错中心有很多小岛

夕阳之下，色彩和形貌殊异的远山犹如远古时代的巨型怪兽，摄人魂魄

消失殆尽。

……

猛然醒悟，今天是藏历四月十五，萨噶达娃节，文布寺那些穿戴一新的藏民一定是要参加晒佛节。那么，远在数千里之外的冈仁波齐今天也正是热闹的时候，色雄广场现在已经更换了全新的经幡，转经的人群达到极盛。那个曾经给我做鬼脸的大叔，他到色雄了吗？

月亮正圆,藏北荒原的夜色好美!

★擦擦:梵文,本意为"复制",可知这种仪式来自印度。藏民把胶泥压入金属或木雕的模具,范制出各种精致的佛像、佛塔等泥质物,即为"擦擦"。再将擦擦涂上彩色或金色,供奉在寺庙、佛塔、神山、神湖之中,是为一种礼佛仪式。打水擦擦即用做擦擦的模具(一般为金属模具)不断打入水中。藏民认为,模具每一次打入水中就等同于制作了一枚水擦擦,然后这枚水擦擦将随着流水进入湖泊大地,加持水中的龙族,并祈求水流造福大地,而不要发生水患。我认为这种仪式最能说明藏民族信仰中"万物有神"的世界观。类似的仪式还有"火擦擦",即将擦擦模具不断打入火中。火擦擦会散入空中,加持世间万物。

天色暗下来，我们才想起要找住宿的地方

山知道 大北线日记

14日/6月 第十六天 | 色林错—班戈—纳木错

第十六天
色林错—班戈—纳木错

入梦时月色圆融，起床时白雪铺地。

昨夜的边地默默换装，刚刚返青的大地被一层寒雪召回冬季。马上就要夏至节气了，这里的季节还如此错乱。在遥远得不着边际的地方，节奏模糊，时空无序。

遥望四野，天地混沌，黯然难分。

没有电，没有信号，没有时间，不知道身处何方……我顿生无依无凭、彻底超脱之感。不确定的超脱感令人着迷，但也伴随着畏惧，喜忧杂陈，自我纠结。

吃点东西，喝点酥油茶，天色渐渐分明，继续出发。

临别时要给这户藏民留点钱,老阿妈却说什么也不要。我又想,在这茫茫高原,钱有何用?可是也没有别的东西留给他们,只能口头聊表谢意。

残雪使草原上的路面模糊难辨,车辙印时常出现分叉。这里是去往北面的双湖、东面的安多和南面的当雄

的分道处，在平坦的草原上，车辙混乱，叫人无所适从。真佩服仁增师傅，没有导航（这地方即便有导航也没信号），也不用地图，全凭直觉和记忆。他对方向的敏感简直与生俱来，对脚下的路总是胸有成竹。

天地间有一线蓝色始终相随，开始以为是天边放晴，前行好久才看清，原来是一个湖泊在大地上延伸。等我惊讶地喊出来的时候，仁增师傅淡淡地说："这还是色林错。"

苍天，墨云，雪地，蓝湖，浅草。一条条色带平行排列，色彩由浅到深，再由深到浅。大天大地被归纳成极简的画面，抽象甚至怪诞。

在这极简的画面中，偶然掠过的几只仙鹤、一群白鹿、一座小房子、一匹马，或者一个牧人，都让人振奋和意外。

天色渐渐放晴，道路有了起伏，然后又远远地看到楼房、街市，我们到了大北线最后一个的县城——班戈。

找饭店，充电，找回时间，我感觉就像再次回到人间。

下午2点半，告别荒野中的班戈，我们继续向南，向纳木错挺进。距离拉萨越来越近了。

没想到1个小时就到了纳木错。一片辽阔的水域出现在公路边，一望无垠，却不见印象中的扎西半岛。又过好久，竟然把这片水域甩在了身后，我断然否定了刚才的判断。打开地图寻索，刚刚路过的应该是巴木错。

再翻过一个山口，恍然间面朝大海，海的东侧有一座熟悉的小山——扎西半岛。

色林错边的小牧羊女

纳木错到了。

走过"一错再错"的西部高地,又走过"大错特错"的北方空地,现在终于到了纳木错。大北线行将结束,

这一回,纳木错以淡泊宁静示人

我们的旅程也可以用"一错到底"来画个句号了。

第三次到纳木错了,不同于前两次,这次是阴天。一路给薇拉描绘纳木错的绝世风光,现在浑然不见,不免让她失望。我却无所谓,看惯那木错的各种脸色,这一次,万里归来,风尘仆仆,纳木错以淡然的形象迎接我,让我归于宁静。

那个曾经感动得让我起鸡皮疙瘩的纳木错,现在像一个老朋友:不见浩荡的念青唐古拉,不见英俊的唐拉雅秀,那都是她的家藏,就放在后院里,没必要每一次都对客人展示家底。我们再次谋面,简单问候,然后默然静坐。

纳木错海拔4700多米,在所有湖泊里算是极高的,从拉萨上来的游客慑于它的海拔,总是胆战心惊。但我们是从大北线"下来"的。曾经沧海,纳木错在我们眼中已是繁华富贵之乡。安顿好房间,我们迫不及待地进入一家川菜馆:涮起火锅,斟满白酒,为我们的大北线干杯!

夜色来临,风声渐紧,雪花飘落,纳木错开始演绎又一场季节之外的轮回。我们在温暖的火炉旁享受着旅途最后的美妙时光。大橡要急着赶回西安看他父亲;薇拉不断接到公司的电话催她回去,他俩都已经定好了机票。我呢?我还沉醉在这条路上,还没有回过神来安排这些事。

回首万里路,已在云山外。

落雪沙沙,天地愈加宁静。大雪又覆盖了整个世界。

告别色林错，一场大雪把大北线封锁在身后

山知道
大北线日记

15日/6月

第十七天 | 纳木错—拉萨

　　早晨醒来，纳木错阳光明媚。一夜大雪只剩斑斑残迹。

　　我们一起转了扎西半岛，终于找到了传说已久的"重生洞"——在岩石上形成的一个天然孔洞。转岛的藏民路经此地，大多会从这小小的石孔中钻过去。据说好人都可以钻过去，如果做过坏事，则无法通过。钻重生洞的过程极艰难，头部出来时，四肢无处着力，人悬在那里空自扭动，进退不得。唯一的办法是不停扭动身体，毫厘向前，直至脱壳"重生"。

　　那么多严肃持重、沉默寡言的藏民，为何像顽童一

纳木错扎西半岛的"重生洞"

样钻这"重生洞"？每一次都那么艰难，他们却依旧乐此不疲，难道仅仅是为了验证自己是个"好人"吗？为什么？

由奇崛的喀斯特地貌构成的扎西半岛

扎西半岛合掌石

我没有去钻重生洞。倒不是畏于艰难,也不是怀疑自己是否做过坏事。只是像一个大人,旁观孩子的游戏,却无心参与。

扎西半岛岩画

可是，整整半个月，我们在荒野中苦苦奔跑，转山转湖，跟钻一次重生洞有什么不同？难道仅仅是为了看风景吗？

等我历尽艰辛，走完大北线，然后又不辞辛苦地把每一天的行程和心路展露于此，如此认真，甚至虔诚。那么现在，你面对这些文字和图片，做何感想？在我心中，这数万文字和数百幅照片正是我自以为熠熠闪光的半个月的人生。

也许没错。人生岂不就是一场游戏？

离开纳木错时，我突然想到藏传佛教的一个说法：转过神山，已经洗脱了累世轮回中的所有罪孽。那么，大北线之旅就是"过滤"人生了，希望接下来的人生保持一种纯洁而简单的游戏模式。

一场游戏一场梦。梦醒时分，回到拉萨，似乎回到了一场更深的梦境。

　　脚步写满千山的疲惫
　　行囊里装满季节之外的山水
　　现在　终于走出了那曲
　　我站在唐拉雅秀的左臂
　　把大北线还给神祇
　　越过茫茫雪域
　　返回拉萨谷地
　　一看见布达拉宫
　　就想起了冈仁波齐

夕阳下的神山

也是这般红白有序

唵嘛呢呗咪吽

唵嘛呢呗咪吽

……

统领雪域的六字真言

又在耳边响起

　　　　　——《轮回》

第十七天
纳木错—拉萨

2014年6月腹稿于西藏

2015年5月完稿于太原

在扎西半岛远眺念青唐古拉一线雪山

结束篇 | 山知道

山知道
大北线日记

  6月15日下午返回拉萨，我们再次回归到海拔4000米以下的"人间"。季节已经由春入夏，拉萨河谷里绿草茵茵，和风拂面。大北线行程圆满结束。我心中略有不舍，但是身心俱疲，一时无力表达眷恋。

  旅行社老板嘱托我们把剩余费用付给曲珍，曲珍才知道旅行社每天都以她的名义收取我们高额的导游费，她大感意外和不平，不由冒出一句粗话，旋即又觉得自己失态，马上捂住了羞红的脸，然后又皱着眉头说："他们太黑了，我不会得到这么多钱的。"但是曲珍很无奈，她只是代收钱，旅行社自有他们的操作方式。再次回想，确有"被宰"之嫌：神山并非网上流传的那样仅有5家旅行社可以办理转山业务，自驾车也是可以去的。（想来那些网络信息都是不实传闻，极可能是这些旅行社蓄意发布。）仁增师傅说："早知道你们就不用找旅行社，可以省下大半费用。"言词间满是同情。我们也早已懒得再去讨价，心想以后如果有朋友走后藏、阿里，或者大北线，一定介绍给仁增师傅。

  5个人于是拥抱，告别，各奔东西。半个月的缘分至此结束。来日是否有缘再见，似乎谁也没来得及想这个问题，好在彼此留了电话，还建了一个微信群。

我在布达拉宫跟前的民航酒店住下，终于有热水可以洗澡，酒店餐厅里还有各种美食，当然要大肆犒劳自己一番。人间的美好令人沉醉。走过大北线，再也不觉得拉萨3600多米的海拔有丝毫高反。吃饱喝足，我倒头大睡。

一觉醒来，已是午夜，窗外的布达拉宫夜景灯已经关闭，空留巍峨的剪影。我一时再难入睡，于是整理心绪，点点滴滴开始回味大北线。

刚刚走过的路犹如窗外的布达拉宫：亦真亦幻，近在眼前又远在天边。

藏民把大北线之行也称为"大转山"。对藏民来说，行走大北线是一种深度宗教仪式。相对于大转山，环绕神山冈仁波齐56千米的行走是"小转山"。

现在，按照行进方向，我将"大转山"沿途的县级以上地方和著名的山峰湖泊回顾一遍——

拉萨市—曲水县—羊卓雍错和乃钦康桑峰—浪卡子县（属山南地区）—江孜县（进入日喀则市）—白朗县—日喀则市—萨迦县—拉孜县—定日县—珠穆朗玛峰和卓奥友峰—佩枯错和希夏邦马峰—萨嘎县—仲巴县—普兰县（进入阿里地区）—神湖、鬼湖和神山—札达县—依贝岗美峰、土林和古格王朝遗址—噶尔县（阿里地委狮泉河镇）—日土县—班公错（藏语称"错木昂拉仁波"）—革吉县—擦咔湖—改则县—措勤县—扎日南木错—当惹雍错和达果神山（进入那曲地区）—尼玛县—色林错—

班戈县—纳木错和唐拉雅秀神山（进入拉萨市）—当雄县—拉萨市。

对于未来者，其中的许多名字定然陌生、无感，所以有必要再对它们做一番总结。

线路涉及拉萨、山南、日喀则、阿里、那曲5个地市（西藏自治区总共7个地市，大北线仅不涉及藏东的昌都和林芝）；涵盖21个基本可以称作城市的县市；拉萨之外的沿途著名寺庙包括江孜县白居寺、日喀则扎什伦布寺、萨迦县萨迦寺、冈仁波齐塔尔钦寺和智热寺、札达托林寺、尼玛文布寺、纳木错扎西寺等处。其他寺庙则难以计数，因为大译经师仁钦桑布仅在札达一带就建立了几十座寺庙；大北线穿行了我国最密集的湖泊地带，几乎涵盖了西藏一系列最大的湖泊，十平方千米以上的湖泊就有几十个；路经或翻越了喜马拉雅山脉、冈底斯山脉、可可西里山脉和念青唐古拉山脉等几条世界级山脉；日喀则之后、拉萨之前，我们全程行走在海拔4000米之上5000米左右的高地；总行程约4000千米。

当我罗列这些名字，一开始也不以为然；用心走过，闭上眼睛就可以将它们依次道来。可是到后面就有一种感动从心中升起——这些地名大多安放在我们平常目光之外的地图边缘，如果不是专门触及，这些奇奇怪怪的名字永远都会让我感到陌生。再然后是那些冷冷的数字，当我再次回望，全都有了温度，变得炙热。

这一刻，大北线成为我生命的一部分，成为牵挂，再难割舍。每一个名字背后所隐藏的盛大风景和厚重历史，已然铭刻于心，赋之以情。

如果说西藏是许多人藏在心中的向往，那么大北线就是对西藏的终极向往，是"西藏的西藏"。因其高远和艰难，初次进藏的人往往不敢涉足。即便是一个高原人，当他曾经转过冈仁波齐，甚至还完成过大转山，周围人定然会投以羡慕和崇敬的目光。

近些年我痴迷高原，总共十上高原，五进西藏。我的足迹几乎遍及这片高原的角角落落，连墨脱、察隅那样奇异的边角之地也已走过，基本可以说走遍西藏了。每次上高原其实都不轻松，都是对身体的一次极限考验。不用说失眠、头疼、毫无食欲和关节疼痛的长期困扰，仅仅亲自走过的那些山穷水尽的艰危之地，就够自己在许多个深夜里频频梦回，惊魂难定。但是，时过境迁，好了伤疤忘了疼之后，莫名的冲动又在心中涌起。于是暗想，自己生性也许怪异，总是喜欢隐匿于他乡夜雨、寒舍孤灯、孑然陌路、对影自斟的世界里。甚至这些都还不够，我更着迷的是：在天地混沌、山水苍茫而又前无古人、后无来者的境界里放逐自己——在风雨飘摇中体悟生命，在黯然神伤里回归内心，在大漠孤烟下遥望远路，在孤独无着时怆然涕下……那时候，风景和文化都会淡去，只有一颗心散淡跳动。那是一种大境界，近乎无我。

行走大北线，无限接近这种大境界。但我终于不能在大北线上随心所欲、独来独往。世界在无限地趋同，而我们又在越来越快地老去。加在我们身上的负担和各种"身份",使我们离"自己"越来越远,我已非我,自然不能再去随心所欲地尝试"我"想做之事。最终,一个脆弱而多有拖累的"非我"勉强承载着一颗"本我"的心,行走在渐失原始风貌的大北线上,留下来的只能是遗憾。我已非我,更何妄谈"无我"?

于是,我勉强庆幸——总归走过大北线。

一辆车,五个人,半个月,四千千米……以一种现代文明的快捷方式,我们"掠过"了这片高原上的高原。安然回归,疲惫不堪,若有所得,怅然若失……

那是一片高地。高原的高处,地球第三极的极点。平均海拔4500米,是人类所能承受的极限生存环境。世界本不平,而此地尤为奇崛,奇崛到荒诞。行走大北线,这种荒诞感满目皆然:风云日月、山河湖泊、动物花草,处处不可思议。而人类委身其间,大自然的"宠儿"或者"主人"的优越感几乎无存。在此境界活着而已,无法奢谈生活质量。正因如此,信仰成为必须,人们需要神灵安慰,也需要用宗教来解释天地之无常。其实,神灵也更适合安住在如此境界——你看那些山和湖,哪里不是住满了有名有姓的神灵鬼魅?

藏西和藏北,这片高地在高出人类视野的同时,也高出了人类记忆。它诞生于人类记忆之前的远古,并且在记忆开始的前夜已经繁荣过超然的文明。而今,关于那些传奇文明,我们只能凭借残存的零星遗迹进行猜测。文明与其诞生的土地总是何其相似:象雄之于藏西藏北,同样充满神秘莫测的气质。

那里几乎是一片空地。虽然繁荣过超然的文明，但经不住数千年的风吹雨洗。时过境迁，气候改变，此地空余大天大地。即便到了人类称霸地球、肆意妄为的今天，这里仍旧是大片大片的空白。时（季节）空（方向）在这里若有若无，可有可无。举目极望，四野茫茫。远或者近，大或者小，古或者今，这些要依赖日常经验和相对参照才产生的概念，在此间都了无依凭。对于一片空荡荡的天地，思绪尽可以毫无障碍地信马由缰，直到你发现信马由缰是一件毫无意义的事情。就像你在此地驾驶汽车，可以闭上眼睛踩足油门狂奔很久，然后睁开眼睛，山还是那么远。

即便有一些所谓的"城市"坐落其中，远远看去简直也是荒诞的存在，是造化怜悯人类，暂时允许这个淘气的孩子冲入禁地撒撒野罢了。它随时可以清理禁地，让北方恢复宁静。而且，它已经以不同方式清理过许多次了——风暴、雪灾、冰雹、酷寒、山洪、地震……试问大北线上的那些县城，哪一个没有被这些天灾蹂躏到几经覆灭？试问大北线上的牧民，哪一家不是在频仍的灾难中死里逃生？

大北线再往北，就是不毛之地。打开西藏地图可以看到，在藏北广袤的土地上几乎没有地名。那里就是地球上除南极之外最大的一片无人区。虽然年轻的双湖已经代表人类挺进了无人区的前沿，但这个孤独的县城着实令人担忧。在此引述一段作家马丽华在《藏北游历》

中记录的事情，谨表我的担忧。

双湖一九八三年春，嘎尔错二村牧民顿珠扎西，放牧着集体的七百只羊子。飓风使群羊失控。失控的羊群顺风疾奔。顿珠扎西紧追不舍，大颗大颗的砂石被狂风卷起砸在脸上身上，风沙吹得睁不开眼睛。突然他感到大难临头了：羊群逼近了嘎尔错湖！他抢前几步赶过头羊，从水里向岸边猛推羊子。可是……

狂风停歇，天空重又碧蓝。嘎尔错冰湖里，一个身披闪闪发光冰甲的勇士，身体前倾，双臂微张，迎向七百只同样身披冰甲的羊子。他的头发保持了迎风飞扬的姿态，群羊们高昂头颅，向它们的主人行注目礼。

每言及藏北，我总会想起这个故事，内心阵阵战栗，眼中有泪欲出。而马丽华记述在《藏北游历》中的惨烈事件何止这一例！

也许，在更多的时候，这里是一片静地。静地或者净地，都是此间美好的一面：随处都有浩大的湖泊不期而遇，湖水犹如被施了魔法般显现出各种美艳的色彩；无数山峰具有丹霞或雅丹特质，以高饱和度的艳丽矗立天地间；没有季节可言，时而一场落雪，时而一天云霞；空气好得不可思议，能见度永远伸向无限；夜晚繁星满天，清晰得似乎触手可及，而且只有在此地才发现，星星是远近错落的立体陈列，更令人惊讶的是星星原来都是彩色的……大自然每天在少人涉足的地方，上演着世间绝美的风景，那是化境，是天神们在游戏自娱。这样的化境在大北线并不稀罕：我们行经老定日、拉昂错、札达土林、当惹雍错和色林错时，多有见识。作为肉体凡胎，偶一路过，偶一窥见，便惊讶到不能自拔。这是此生福分。

天神们耽于游戏，时时营造化境。人类贵为天地之宠，行走世间，也如游戏一场——人生如戏。

既然如戏，索性玩得认真一些，入戏一些。有可能的话，就去探一探这游戏的边界，看看游戏规则是如何的诡异玄妙。大北线，或者确切地说是藏西和藏北，是人类活动的边缘，行走其间就是走在人间的边上。这不就是游戏的边界地带吗？

现在，我有幸站在人间的边缘回看人间——这样的总结使我的大北线之行变得豪迈且高尚。我事先并没想到大北线居然可以这样定义。

那么，感谢大北线，给我提供了一个回望人间的高视角。

现代主流学说认为，芸芸生命迫于地球沧桑变迁而进化。青藏地区由早期温热茂盛的低原，隆升为荒凉干涩的高原，成为人类被迫完成进化非常合适的舞台范本之一——所有进化必定都是被迫的。进入智人阶段，最初采摘狩猎于山林之中，进而游牧农耕于山地与河流之滨，经过千百万年的选择和开掘，不断向低原挺进。最终，绝大部分集结于地表低处，创造出一座又一座温柔富贵之乡。随着人类的无限度扩展，其他物种无限度地退缩。与其他物种同时退缩的，还有一个隐藏于视线之外、信仰之中的鬼神系统。

纵观这个小小世界，不得不叹服造化对人类的过度宠爱，甚至是无原则的溺爱。当天敌灭绝、鬼神退却，人类的骄纵日益放大，无法无天。

如果能够久久地站在大北线上，冷静地回看人间，不得不为人类的贪婪无知而叹息。进而想到作为父母的天地，定然不会让孩子由着性子跋扈下去。

有充分证据表明,地球经历过多次冰期和温暖期（间冰期）的交替。等极端温暖期来临，固定在两极的冰雪和埋藏于地下的永冻层将全部融化，估计地球海平面将高出现在60多米，整个世界的地形将大大改变，许多国家和地区完全消失（我家乡所在的太行山脉将成为中国的沿海）。气候带也相应向两极和高处推移。如果真有那么一天，人类又将面对神话时代的大洪水，大禹和挪亚那样的人物又将奔走世间，但也只能望洋悲叹。那时，藏北这片洪荒之地也许又将成为人类靠得住的避难所。

出发之地也是回归之地，人类在享尽骄奢之后复又恢复单纯，完成一个轮回。这算是比较好的结局，坏一些的情况极可能是：任何一种别的灾难都会使人类完全覆灭。不用说小行星的低概率来访，如果地球气候不是变暖而是变冷的话（实际上冰期出现的可能性远高于间冰期），地球会迅速被冰雪覆盖，冰雪"外衣"会反射绝大部分的太阳热辐射，使地球气温无法逆转地走向极寒。进而所有生命将被冻结，这一轮美好的世界就此终结。只能等待又一次大规模的火山爆发或者小行星来访，地球才有可能被再次激活。可是那时，生命已经消失，即便再有新的生命进化出来，已然与我们无关。

无论是变暖还是变冷，人类在其中的作祟都难辞其咎。比如现在对化石能源的极度依赖，必然会破坏已经濒临崩溃的生态平衡。生命所能适应的温度空间是如此狭窄，气候稍有波动，人类便面临灭顶之灾。纵观地球，我们恰好处于其历史中最适宜的这一"须臾"；而遥望茫茫宇宙，我们还没有找到如此适宜的可逃避之所。人类历史毕竟短暂，出于一己之私和一时之快，时常以"未必会死"的侥幸心理冒犯天规，为所欲为，就像伊甸园中的亚当夏娃一样。

……

我显然遥想得太远，作为芸芸人类的一员，在享受着现代文明种种好处的同时，言说这些话题显然有些苍白，有些言不由衷，也许完全是杞人忧天。但是，行走在大北线，面对天地玄黄、宇宙洪荒之境，这些关乎人类和世界的大命题时时活跃于脑际。

还是想再赘一言：不破坏就是最好的保护。问题是，人类的本性是否能明智到具有集体远见，并集体自觉地约束自己，实施自救，我无法回答。在这方面，人类或许尚不及蚂蚁和蜜蜂。以上洋洋赘言，可以视为我行走大北线的心灵感悟之一。

大北线给我的另一个收获是内心的安慰。

也许因为路程太远，食宿太苦，风沙太大，烈日太毒，出发时的热情和冲动早早消耗殆尽，取而代之的是无望的前进和对终点的盼望。但是终点迟迟不来，艰险却处处显现。在不断的折磨中，任一个英雄也会斗志全无、垂头丧气。这些艰难和无望在消磨"小我"的意志之时，也在慢慢侵蚀"大我"的人生理想。渐渐觉得自己关于人生的雄心壮志慢慢凋谢，心中暗藏的许多具有年轻气息的理想纷纷陨落。遥望干干净净的大地，以及大地上不时出现的一具具遗骸，觉得生命终究要归零，世间万物没有什么不能割舍。与之相反，我对亲人和朋友的牵挂日益增加，开始觉得"健康是福""平安是福""简单是福"才是大道。

点化并赐予我内心安慰的还有一些偶遇的人，那些颇为奇妙的相遇有如上天安排。

在大昭寺门前，一位从阿里磕长头到拉萨的藏民，用生硬的汉语问我北京好不好、远不远，毛主席是不是在北京。我说北京很好，但是很远，要坐火车，两天两夜就到了。他竟然又问："走着去呢？"

……

我们真的不在一个频段里，几乎没有对话的可能。不管多远的路，他们都习惯了走着去，甚至磕长头去。而且，他们真的能做到。道别后没走多远，他突然在熙熙攘攘的人群中跳起来大喊了一声："我要去北京——！"他快乐得像个孩子。

这位一面之缘的阿里人令我无法忘怀，并不免为他担心:西藏人尤其是上部的阿里人,他们都习惯了无货币的生活。"出发"对他们而言极其简单:只要带上糌粑和宿营工具就行,沿途拣牛粪生火,必要时就乞讨(乞讨即化缘,在高原并非不光彩的事)。而在整个高原,随处有牛粪,随处可以宿营,藏民相互友善,借宿布施均属常情。可是,如果离开高原呢?哪里有牛粪?东部城乡是否允许点燃篝火?友善的施舍是否随处都有?如果不能扎营,谁家愿意接纳几个脏兮兮的藏民住宿?他们该如何在都市里生存?

这真是一堆无解的问题。人类进步了,建起一座座高度文明的城市,可是这些城市是不是离"人"越来越远了?

在藏北色林错借宿的那一晚,老阿妈一边为我们准备铺位,一边念念有词。曲珍说,她在说我们真可怜,真可怜。

在一位艰难求生于无人区边缘的老人眼里,我们这一群远道而来饥寒交迫赶夜路的人才是真正可怜的人。她次日坚决不收我们的钱,想也是出于怜悯。从物质生活方面讲,我们的条件不知道好过这位老人多少倍,但是面对危困,我们是否有她那份"菩萨心肠"?我们内心是否有她那样的宁静?越是艰难之地的人,越具有悲天悯人的情怀,也越具有安然淡泊的心境。

慢慢理解了忘年交柴腾虎先生和他的老上级孔繁森书记。

慢慢理解了来自各个国家各个宗教络绎不绝的转山

者。

慢慢理解了益西沃、仁钦桑布和阿底峡。

慢慢理解自己。

慢慢收复自己。

当心宁静,何处不是故乡?

放眼山山水水,何处不能安放一颗悸动的心?

2015年,我恰恰步入不惑之年。这个"不惑"似乎是用前面39年的"转山"换得的。

行走大北线,每天有感于眼前或苍茫或艳丽的天地的同时,一种对自己人生的回视也在内心朦胧回旋,几乎看到自己从青涩到成熟,蜗行于不算平坦也不算坎坷的一条抽象道路上。

成长于山中,有着简单而快乐的童年。打柴放牛给我的记忆远比上学读书要深刻得多,快意得多。这种经历甚至影响并牵绊我一生:晨钟、暮烟、远山、村溪、归牧、果园……这些组成了我的人生底色,赐予我平和的性情。直到离开山村,去往越来越远的地方求学,认真地恋爱、成家,然后打工十年,由一介职员成长为企业高管……生活平静伸展,滋生出丰硕的友情和清澈的爱情。再然后,等长女棉棉上小学的前夜,我才恍然醒悟这样的日子在无谓消耗我的青春,长此以往何以在一座城市立足?于是我毅然辞职并注册了自己的公司,无依无助、笨拙惶恐地徒手打拼。一晃又是七八年,企业并没有像样的发展,仅是养家而已。这完全是由我的散淡所致——因为内心并不喜欢陷入大企业的图圉。周围所能见到的大老板全是负面榜样——他们无一例外地身不由己。我只期望不再受制于人，为自己保留一分自在。

我经营企业完全没有法则和特长，几乎跟我童年放牛的办法完全一样：选择一片水草丰美之地足矣。如何吃草，如何饮水，何须牧人指点？何苦束之以缰绳、约之以作息？牧人只要顺乎自然，自该悠闲。也就是在这些年，出行成为我生活的一部分，而每次出行的目的地，几乎都在这片高原……

至今记得给妻子的第一封信，是在山坡上放牛时匆匆写就，结尾是："我的牛要跑到麦地里去了，不写了。"她说她家人看我的信都笑翻了，实在不知道那笑声是认可还是否决，但从此我在她家有了"放牛娃"的绰号。其实，我多想一辈子做个放牛娃啊！

在班公错的时候，面朝北方辽阔的湿地和徜徉其间的牛马，禁不住写下一首《打望》，以寄托我的一片初心。

白云退回山顶
风吹牧草青青
我绕过村后的山径
拣起藏在小桥下的长鞭
打望远山
打望
清晨放出去的几头牛
……
默默告诉班公错

我只想找到我的牛
只想做一个牧童

生活就这样简单而有效，其主旋律一如大北线宁静时的美好。早年打工时曾经服务过的一位老板对我直言，你的出身太苦，否则你做事不会这么拘谨。也许旁观者清，谨小慎微早早写在我的性格里，也始终制约着我的一腔豪迈。这也许是我不能把企业做大的另一个原因。毕竟，一个出身贫苦又多有拖累的人，面对自己拼尽全力积累起来的一点点资本，不太可能轻易冒险和博弈。即使当初打工时掌管企业某一方面额度不小的用度支出，我也如花自己的钱一样精打细算。

……

一次合并完成的大小转山对我有了形而上的意义，使我可以站在生命的高地回视和展望，虽然"两处茫茫皆不见"，但人生冷暖已自知。时至今日，拥有得少，也在意得少。散淡过早地内化成我的又一性情，让我特别容易把名利和得失置之身外。走过大北线，对过往人生愈加感念。以往曾经轻率地认为自己在许多阶段都无谓地消耗了太多时间，现在回想，那都是必然。就像走在漫长的大北线上，正确的路只有一条，所谓捷径全是死路。难易和远近在上路之初便已命定，急也无用。有此感悟，并埋头继续"砍柴挑水"，以踏实快乐之心。这是生命赐予我的安慰，是对我那些年虽然心有不甘却能坚持"砍柴挑水"的善报。

以上所感所悟勉强算是转山的收获，但并非转山的原因。

对山的向往是人类的本能，或许是因为人类原本来自山中。

我对山还有着这样一种理解：山增加了大地的表面积，增大了人类的生存空间，丰富了动植物和人类文化的多样性，使大地更具美感，更具承载力和包容性。没有山，就没有立体的气候带（仅有从赤道到两极的平面气候带），很难形成温和的雨雪，也没有稳定温顺的河流，没有屏障和保护，在天灾和战争面前只能被动承受，没有民族差异，没有高原和低原……那样的世界有什么意思？

古人说"上善若水"，而我想说"至善如山"。

但是不同区域的人对山的态度和亲近方式多有不同，比如登山和转山。登山者和转山者眼里的山是如此不同：在登山者眼中，"没有比人更高的山"；而在转山者眼中，山是神灵的居所。一个在征服，一个在敬拜；一个是抗争，一个是和谐。哪一种更好，人类应该以怎样的方式与山相处？

我生起转山之心早有年岁，暗藏心中酝酿日久，渐渐成为一种理想，单纯而坚定。无关信仰，无关寄托，无关祈求。此番走近神山，走近大北线，比以往任何一次上高原都要平静、坦然和认真。我就像去拜访一个神交已久的朋友；就像英国登山家马洛里说的那样：因为山就在那里。

冈仁波齐就在那里，在世界的中心。

大北线就在那里，在人间的边上。

我生来这个世界，是如此偶然，如此幸运。既然具"眼耳鼻舌身意"，便应觉"色声香味触法"。探寻世界的念头时常在心中蓬勃萌发，看山看水从来就不需要理由。那么，我想去世界的中心看看，我想去人间的边上走走。在我心中，山只是山，冈仁波齐也只是一座美丽的山峰。

大多数人慑于高原的种种危险，望而却步。我也心有余悸，也不敢贸然直奔险境。许多年来循序渐进：青海—甘南—前藏—后藏。等确定自己完全可以承受极高海拔之后，才走进理想中的阿里和大北线。

我越来越深切地认同藏族人的世界观。喜欢他们对待生死的态度，喜欢他们与自然相处的方式，喜欢他们以虔诚的姿态转山，而不是登山。

我像喜欢高原一样，喜欢艰难生活于斯的藏民族。

作为多次的曾经者，我愿意下一定论：高原，从来不会让人失望。对于未来者，高原是一种理想；而对于曾经者，高原必将是牢固的牵挂和再次出发的理由。

当然也有例外。在我对大多数藏民表示赞赏和敬重的同时，不平遭遇也作为插曲存在其间：拉萨市那个旅行社老板信誓旦旦的外表之下暗藏心狠手辣，为了谋取高额利润而编造本不存在的困境，让我意外。但相对于内地商人普遍的龌龊，他的行为也算无可厚非。还有经营卡若拉冰川的那家公司，把神山围起来卖钱是否妥当？他们笨拙粗暴的经营方式，令人可气又可笑。凡此种种，在藏地毕竟还属于个例和罕见。似乎只有沾染了商业，他们才弱化了原有的淳朴厚道，甚至或多或少地将信仰搁置一旁。但是相较内地旅行社和景区司空见惯的欺诈和跋扈，习以为常的漫天要价、坐地分赃，这些事情简直不值一提。走过之后，我早已释怀，也绝不至于因此就对整个藏民族产生成见。世界极速发展，我只希望他们能在宗教的约束下保持长久的淳朴和高贵。

人生如转山，走过一程而已，非要给这段路程寻找理由和意义，是否太过矫情？

许多问题似乎永远无解，但每个人可以在内心自我选择。

通过苦行，一步一步接近真实，接近自我；通过阅读大地，一步一步建立与自然的关系。阅读也许痛苦，但是等你读懂，就很快乐。

早年初遇《金刚经》《般若波罗蜜多心经》等经书，阅读欲几乎被经文中的任何一个词句"吊打"。挫败之际，一位师父对我说："认识字吧？念字。"当时似懂非懂，但遵照去念，以致后来可以大段背诵原文。其中的许多奥义，竟然在日夜苦读和岁月点拨中次第冰释，豁然开朗。此番转冈仁波齐神山，一步一步苦行，犹如用一个字母、一个字母点读的办法去阅读一本厚重的英文巨著。当我转完神山，豁然想起那位师父当年的话——

"认识字吧？念字。"

读书和念经是完全不同的两回事，只要愿意，世上哪有念不懂的经？

登山和转山也是完全不同的两回事，只要喜欢，世上哪有转不完的山？

隐约觉得，我寻找的，山中都有；我疑惑的，山都知道。当我看山还是山，山便待我仍如我。

依然有许多希望，要留给大北线。

我希望在那里建立一个我们中国的国家公园，希望人类设置的铁丝网隔离栏能从这片土地上完全拆除，为野生动物留一条生路，也为我们的心灵留一片净地。我们需要一块这样的理想高地。

我希望人类不要以保护之名，行破坏之实。这世上没有方舟，如果有，整个地球就是一个方舟。蛮荒之地自有适者生存，物竞天择会塑造最好的链条。该存活的自会存活，该灭绝的终不能逃脱。大爱无形，大音希声。

我也希望更多的人能去大北线看看。作为这世上的一片神奇之地，它应该属于每一个热爱生命和生活的人。但只是看看，不留痕迹。

……

大北线日记即将结束，有些话略做交代。

虽然是日记体，但基本还是按照回忆来写的。有许多东西在记忆里已经模糊，无从追忆。同行的薇拉女士曾为这些文字做过校对，并颇感遗憾和不平——

"途中遇到一次学校师生过林卡，怎么只字不提？你还吃人家东西呢。参与林卡的学生都是假期里无法回家的牧区孩子，林卡上的食物都是那个女老师自掏腰

在大北线某处参加一群藏区学生的林卡

包……"

"这一段顺序有些糊涂,那曲草原还有几场大雪,就这么悄无声息地消失了?"

"色林错之前的部分太潦草了,我们的大北线啊……那里正在修路,以后通了柏油路就再没有这样的体验了……"

我还想起在神湖玛旁雍错灌的一瓶"圣水",携带一路,却在返程登机时被没收。

遗漏的东西当然太多了。人生就是一个遗忘的过程,能忘记的也许都不重要。

感谢薇拉、大橡、曲珍、仁增、多吉。

祝福那位连蹦带跳地说要"走着去北京"的阿里大哥;祝福那位在深夜里的无人区边缘收留我们的老阿妈。

他们都是行走世间的"佛菩萨"。

感谢所有路遇和擦肩的人。

许多经历,若有若无。我搁笔之后,那些经历一定会随风散尽。但终究要搁笔,就这样吧。

裴黎光

2015 年 5 月 15 日 于太原